Matt Redman

Heart of Worship

Anbetung als Lebensstil

Projektion J

Titel der Originalausgabe:
The unquenchable Worshipper

© 2001 by Matt Redman
Published by Kingsway Publications, Lottbridge Drove,
Eastbourne, BN23 6NT, England

© 2002 der deutschen Ausgabe
by Gerth Medien GmbH, Asslar
2. Auflage 2003
Best.-Nr. 657 423

ISBN 3-89490-423-2

Auf der Grundlage der neuen Rechtschreibung.

Übersetzung: Ingo Schütz
Umschlaggestaltung: Hanni Plato
Umschlagfoto: Getty Images
Lektorat und Satz: Nicole Schol
Druck und Verarbeitung: Ebner & Spiegel, Ulm

Für Beth und Maisey

Maisey, Gott hat uns durch dich
ein wunderbares Geschenk gemacht.
Ich bete dafür,
dass du Jesus später einmal
mit ebenso brennendem Herzen anbeten wirst
wie deine Mutter.

Inhalt

Dank 9
Einleitung 11

Das unvergängliche Gebet 15
Der unwürdige Beter 29
Der sich erniedrigende Beter 37
Der unberechenbare Beter 45
Der unverhüllte Beter 59
Der unbeirrbare Beter 71
Der unscheinbare Beter 81
Der ungeteilte Beter 91
Der hungrige Beter 103
Der unendliche Beter 111

Anmerkungen 117

Dank

Danke, Beth, dass du mich liebst und mich immer wieder ermutigst, zu Gott zu gehen. Danke, Mike, für deine Freundschaft, Ermutigung und Großzügigkeit – ich verdanke dir so viel. Dank an all diejenigen, deren Weg ich teilen durfte, die wir zusammen die Lobpreismusik entdeckt haben und von denen ich so viel lernen konnte: Martin Smith, Les Moir, Andy Piercy, Graham Kendrick, Noel Richards, Louie Giglio, Kevin Prosch, Andy Park, Bryn Haworth. Und schließlich David und Mary P. – ihr wisst nicht, wie viel ihr getan habt.

Einleitung

Das hier ist ein fantastisches Buch. In ihm steht alles über Lobpreis und Anbetung, das ich selbst darüber zu sagen hätte, und es steht hier besser, als ich es jemals hätte sagen können. Tatsächlich bin ich geradezu verrückt nach diesem Buch. Matt Redman hat einige Songs geschrieben, die in Gemeinden überall auf der ganzen Welt gesungen werden. Ich habe selbst ein Buch über Lobpreis geschrieben – aber Redman kommt und schreibt ein besseres.

Die Wahrheit ist: Ich liebe es. Matt und seine Frau Beth sind meine engsten Freunde, und ich arbeite mit Matt zusammen, seit er mit 13 Jahren in meiner Jugendgruppe war. Als er 15 war, haben wir stundenlang über Lobpreis gesprochen und vereinbart, uns einmal pro Woche zu treffen, um zusammen Jesus anzubeten. Also trafen wir (der Jugendleiter und einer seiner Jugendlichen) uns jeden Samstagabend, um Gott zwei oder drei Stunden lang Lieder zu singen.

Es muss furchtbar geklungen haben. Ich konnte keinen einzigen geraden Ton singen und Matt kannte nur drei Akkorde. Wir vereinbarten, dass ich nicht über ihn lachen würde, wenn er nicht über mich lacht. Ich werde diese Abende nie vergessen. Es ging nicht darum zu üben, damit wir etwas lernen; es ging darum, Gottes Anwesenheit wahrzunehmen, damit wir lieben. An diesen Abenden wurde *Soul Survivor* geboren. Sie haben unser Leben geprägt. Unser ganzes geistliches Leben wird von Gottes Gegenwart bestimmt.

Seit diesen Tagen ist Matt so einiges passiert. Sein Herz hat sich nicht verändert. Er leitet einen Lobpreis immer noch mit der gleichen Leidenschaft, egal, ob 3 000 Menschen da sind oder 3. Tatsächlich hat er vor ein paar Jahren den Lobpreis bei einer Großveranstaltung im Wembley-Stadion geleitet. An diesem Samstag waren 40 000 Leute anwesend. Am nächsten Tag gingen 15 von uns in die Fußgängerzone unserer Heimatstadt Watford, um Gott zu loben. Wir machten ungefähr eine Stunde lang Musik, während die Menschen vorbeigingen. Einige blieben stehen und sahen uns zu. Gegen Ende sah ich Matt an, der mit seiner Gitarre den Lobpreis leitete. Der Schweiß rann ihm über das Gesicht und mir wurde klar: Er investiert genauso viel Energie und Anstrengung in den Lobpreis mit 15 Leuten in einer Fußgängerzone, wie er es am Vortag mit 40 000 Leuten im Wembley-Stadion getan hatte. Matt hat früh gelernt, dass es bei Lobpreis nicht so sehr darum geht, die Passanten auf sich aufmerksam zu machen, als vielmehr darum, Gottes Aufmerksamkeit zu wecken. Im Grunde hat er Musik immer nur für ihn gemacht.

Dieses Buch ist grundehrlich. Matt lebt genau so, wie er es hier fordert. Wenn du nach Tipps für die Auswahl guter Songs, nach Gitarrenriffs oder ein paar Ideen für die Übungsstunden deiner Band suchst, muss ich dich enttäuschen. Das hier ist schlicht ein Buch über Gott und wie man ihm und seiner Gegenwart das eigene Leben widmen kann. Bei Lobpreis und Anbetung geht es um Gott; sie sind für ihn und auf ihn hin gedacht. »Heart of Worship« verkündet genau diese Wahrheit. Zu einer Zeit, in der die Kirche Christi Gefahr läuft, aus Lobpreis Show und Unterhaltung zu machen, ist dieses Buch eine nötige, fast prophetische Erinnerung daran, worum es wirklich geht. Während des Lesens stieß ich oft auf Stellen, an denen ich es einfach weglegen und Gott preisen musste.

Okay, ich bin vielleicht etwas voreingenommen. Aber ich bin so stolz auf Matt und dieses Buch. Ich empfehle es jedem von ganzem Herzen.

Mike Pilavachi
Soul Survivor

Das unvergängliche Gebet

Die Bühne betritt der »Beter des unvergänglichen Gebets«. Diese Welt ist voll von zerbrechlicher Liebe – Liebe, die einsam macht, Liebe, die vergeht, Liebe, die trennt, selbstsüchtige Liebe. Aber der »Beter des unvergänglichen Gebets« ist anders. In einem Herzen, das von Gott und seinen Wundern unendlich fasziniert ist, brennt eine Liebe, die nie aufhört zu lodern. Dieses Feuer überlebt jede Krise, es bleibt, was auch immer passiert. Es lässt nicht zu, dass es gelöscht wird, weil das die Liebe beflecken würde, von der es sich nährt und für die es brennt.

Menschen mit einem derart brennenden Herzen versammeln sich im Schatten des Kreuzes, wo seine unendliche Hingabe dem Sohn Gottes den Tod brachte. Durch die Macht seiner Auferstehung zum Leben erweckt, antworten auch sie selbst auf dieses unglaublich wertvolle Geschenk mit unvergänglicher Hingabe.

Die Bibel ist voll von unvergänglichen Betern – Leuten, die sich nicht haben bremsen, entmutigen oder verwirren lassen in ihrem Anliegen, Gott zu verherrlichen. Ich liebe die Einstellung des Propheten Habakuk, der beschloss, mit Gott zusammen zu sein, egal, wie schlimm die Zeiten gerade waren:

> »Noch gibt es keine Feigen oder Trauben, noch kann man keine Oliven ernten, noch wächst kein Korn auf unseren Feldern, und die Schafhürden und Viehställe stehen leer – und doch kann ich jubeln, weil Gott mir hilft; was er zugesagt hat, erfüllt mich mit Freude« (Habakuk 3,17–18).

In der Apostelgeschichte, Kapitel 16, beschlossen Paulus und Silas trotz ziemlich widriger Umstände, Gott zu preisen. Da sie gerade in einer Gefängniszelle saßen, hätte es ihnen keiner übel genommen, wenn sie nicht in der Stimmung gewesen wären zu singen. Sie waren zu Unrecht eingesperrt, geschlagen, ausgepeitscht und in den finstersten Teil des Gefängnisses geworfen worden. Ihre Füße waren in Holzblöcken eingeschlossen. Irgendwie hatten sie trotzdem das Bedürfnis, zu singen und Gott zu loben. Sie wollten sich nicht unterkriegen lassen, deshalb priesen sie Gott mit allem, was ihnen noch geblieben war.

Die meisten von uns besitzen keinen Feigenbaum und waren auch noch nicht im Gefängnis, nur weil sie Christen sind. Aber das Prinzip ist für uns das gleiche wie es das für Habakuk, Paulus und Silas war – man kann immer einen Grund finden, Gott zu preisen. Die Zeiten werden mal besser, mal schlechter, aber Gott bleibt immer gleich gut.

Ich hörte neulich die Geschichte der Amerikanerin Fanny Crosby, die im 19. Jahrhundert lebte und zahlreiche Lieder verfasste. Sie beschreibt ein Ereignis, das ihr Leben veränderte, als sie noch ein Baby war:

> »Als ich etwa sechs Wochen alt war, wurde ich sehr krank. Das Gesicht schwoll um die Augen herum an, und diejenigen, die sich um mich kümmerten, legten einen kühlen Brei aus Milch und Brot auf meine Augen in der Hoffnung, die Schwellungen würden zurückgehen. Ihr fehlendes Fachwissen zerstörte mein Augenlicht für immer. Als ich älter wurde, erzählten sie mir, ich würde niemals die Gesichter meiner Freunde sehen können, die Blumen im Feld, das Blau des Himmels, die herrliche Schönheit der Sterne. [...] So lernte ich schnell, was andere Kinder im Gegensatz zu mir konnten. Aber ich selbst hatte ein Juwel und verbarg es in meinem Herzen. Dieses Juwel nannte ich die ›Lebenssattheit‹.«[1]

Fanny Crosby war erst acht Jahre alt, als sie folgendes Lied schrieb:

> »Oh, wie fröhlich meine Seele ist!
> Obwohl ich blind bin,

Weiß ich doch, dass, so lang ich leb,
Das Leben hab ich, Leben satt.

An wie viel Segen ich mich labe,
Den andere nicht erfahren.
Weinen, seufzen, weil ich blind bin?
Das kann ich nicht, das werd ich nicht.«[2]

Diese zufriedene, lebenssatte Beterin schrieb in ihrem Leben noch etwa 8 000 Lobpreislieder. Jedes einzelne dieser Lieder ist das Ergebnis eines Feuers, das in ihrem Herzen für Jesus brannte und das niemand auslöschen konnte. Jemand fragte sie einmal: »Fanny, wünschst du dir manchmal, du wärest nicht blind?« Sie antwortete in ihrer typischen Art: »Na ja, das Gute daran, blind zu sein, ist: Das erste Gesicht, das ich jemals sehen werde, ist das Gesicht von Jesus.«

Viele wären verbittert gewesen oder hätten sich bei Gott beschwert, aber Fanny Crosby schlug den Weg der Zufriedenheit und des Lobpreises ein. Auch wir müssen jeden Tag die Wahl zwischen diesen beiden Wegen treffen, in jeder Situation, mit der wir konfrontiert werden. Bitterkeit kühlt unsere Liebe zu Gott ab, im schlimmsten Fall zerstört sie sie. Bitterkeit verhüllt das Wissen, dass Gott die Liebe ist, und redet uns ein, er sei nicht treu. Zufriedenheit bewirkt das Gegenteil: Sie füllt unser Herz mit unendlich vielen Gründen, Gott zu preisen.

Und es *gibt* unendlich viele Gründe, ihn zu preisen. Ich hörte einmal, wie Pete Waterman (Teil des Produzenten-Teams Stock, Aiten und Waterman) über Lovesongs in der Welt der Popmusik sprach. Er war der Meinung, man könne eigentlich nur vier Songs schreiben – »Ich liebe dich«, »Ich hasse dich«, »Geh weg« und »Komm wieder«. Als jemand, der Songs schreibt, bin ich natürlich dankbar, dass es weit mehr Stoff gibt, über den man von Herzen singen kann! Ich werde niemals denken können: *In Ordnung, jetzt habe ich alles über Gott geschrieben, was es zu schreiben gibt … Worüber soll ich als Nächstes schreiben?* Der helle Schein seiner Majestät und seine wunderbare Liebe werden unzweifelhaft dafür sorgen, dass die Lieder bis in alle Ewigkeit nur so aus uns herausströmen.

Am Ende des Hohenliedes steht in der Bibel eine fantastische Beschreibung von unvergänglichem Lobpreis:

> »Unüberwindlich ist der Tod: Niemand entrinnt ihm, keinen gibt er frei. Unüberwindlich – so ist auch die Liebe und ihre Leidenschaft brennt wie ein Feuer. Kein Wasser kann die Glut der Liebe löschen und keine Sturzflut schwemmt sie je hinweg« (Hoheslied 8,6–7).

Viel zu oft werden meine Gebete von den Problemen in meiner Umgebung überlagert. Aber ich wünsche mir, an einem Ort zu sein, an dem mein Feuer für Gott nicht gelöscht oder weggeschwemmt werden kann, selbst durch Sturzfluten der Ablenkung nicht – ein Lobpreis, der nie ein Ende findet.

Bei der Feuerwehr versucht man, die Flammen zu löschen, indem man ihnen eines der drei Dinge entzieht, die sie zum »Leben« brauchen: Hitze, Sauerstoff und Brennmaterial. Also gibt es, mit anderen Worten, drei Möglichkeiten, ein Feuer zu löschen: den brennenden Gegenstand mit Wasser (oder etwas Ähnlichem) zu ersticken, ihm den Sauerstoff zu entziehen oder den Nachschub an Brennmaterial.

Ich glaube, an diesem Punkt gibt es eine Parallele zu unseren Herzen, wenn sie für Gott schlagen. Wir sehnen uns danach, Menschen zu sein, deren Herz für Gott brennt, aber wenn wir nicht aufpassen, kann uns leicht etwas von diesem Feuer verloren gehen.

Zunächst können die Flammen unseres Herzens – genau wie ein Feuer mit Wasser gelöscht wird – durch den Druck und die Probleme aus der Umwelt kleiner gedreht werden. Es ist so verlockend einfach, sich in harten Zeiten etwas zurückzunehmen, »cool« zu bleiben und das Gespür für die Wunder dieser Welt zu verlieren. Wir fragen uns, warum es uns so schlecht geht und wie Gott das überhaupt zulassen kann. Wir reduzieren unsere Lobpreiszeiten und reden uns ein, wir würden noch einmal von vorne anfangen, sobald es uns wieder besser geht. Oder vielleicht »fühlen« wir uns einfach nicht mehr danach, Gott zu preisen, also lassen wir es. Ich habe schon viele Beter gesehen, die in schweren Zeiten aus der Bahn geworfen wurden. Aber ich habe auch Leute erlebt, die aus weit schwereren Zeiten herausgekommen sind – mit einem Herzen, das wie vorher für Gott brannte, wenn nicht sogar noch stärker.

Es gibt Beter, die »immer vertrauen, immer hoffen und immer dranbleiben« und die durch jeden Sturm des Lebens gelangen, ohne dass die Flamme in ihrem Herzen kleiner wird. Manchmal hängt es nur an einer einfachen Entscheidung. Selbst wenn wir von allen Seiten bedrängt werden, überfordert sind und Gott gerade nicht spüren. Plötzlich stehen wir vor der Entscheidung, uns weiterhin mit den Umständen zu beschäftigen oder uns an Gott zu hängen und zu ihm zu beten, selbst wenn es wehtut. Gott liebt Beter, die dranbleiben, von ganzem Herzen. Und obwohl sie manchmal von Problemen überwältigt werden, sind sie noch viel überwältigter von der Schönheit und Größe Gottes.

Die zweite Art, ein Feuer auszulöschen, ist, die Zufuhr von Sauerstoff zu unterbinden. Im Kontext von Anbetung bedeutet das, den Heiligen Geist »abzudrehen«. Aus der Bibel geht eindeutig hervor, dass wir nur mit dem Heiligen Geist beten können (vgl. Philipper 3,3), aber es ist auch klar, dass der Heilige Geist beleidigt werden kann. Im Brief an die Epheser, Kapitel 4, Vers 30 ermahnt uns Paulus: »Beleidigt nicht durch euer Verhalten den Heiligen Geist.« Und dann folgt eine Anleitung, wie wir dies vermeiden können: »Weg also mit aller Verbitterung, mit

Aufbrausen, Zorn und jeder Art von Beleidigung!« Die Anforderungen sind groß. Man braucht sich nur unsere normalen Gottesdienste anzusehen. Wir reden viel vom »geistgeleiteten Lobpreis«, aber wenn wir wirklich vom Heiligen Geist geleitet werden wollen, dann müssen wir auch in unserem Alltagsleben mit ihm gehen. Für einen Lobpreisleiter ist das ein aufregender, fast beängstigender Gedanke. Ich habe dafür zu sorgen, dass aus meinem Leben eine vernünftige Wohnung für ihn wird; ein Ort, an dem er gerne ist. Ein unvergänglicher, brennender Beter muss vom Heiligen Geist erfüllt sein.

Der dritte Weg, ein Feuer aufzuhalten, ist, ihm das Brennmaterial zu entziehen, auf das es sich ausbreiten will. Wenn du jemals eine Reportage über die Feuerbekämpfung gesehen hast, wird dir aufgefallen sein, dass die Löschkräfte ganze Bereiche im Wald roden oder kontrolliert abbrennen, damit das Feuer, wenn es an diese Stelle kommt, sich nicht darüber ausbreiten kann.

Der Brennstoff für unseren Lobpreis ist die Offenbarung Gottes in dieser Welt. Und für unser Feuer gibt es unendlich viel Brennstoff. Wenn wir die Augen unserer Herzen öffnen, dann kommt die Offenbarung aus allen Ecken auf uns zu. Gott hat sich uns in der Schöpfung offenbart, in der Geschichte seines Volkes und überdeutlich auch am Kreuz. Und bis zum heutigen Tag erinnert uns jeder Atemzug, den wir tun, an unseren Schöpfer, und zu jeder Stunde haben wir die Möglichkeit, in seiner Gegenwart zu leben. Wir müssen nur darauf achten, für seine Gegenwart offen zu bleiben. Unsere Herzen werden durch Dinge wie Gottes Wort zu lesen, zu ihm beten, in die Kirche zu gehen und mit anderen in der Nachfolge zu stehen, am Brennen gehalten. Es gibt natürlich auch noch andere Wege, zum Beispiel in die Natur zu gehen – auf einen Ozean, einen Berg oder einfach nur ein weites Feld – und die Wunder der Schöpfung in unsere Seele aufzusaugen.

Im Römer-Brief, Kapitel 1, Vers 20 wird deutlich gemacht, dass es keine Entschuldigung für diejenigen gibt, die nicht glauben, denn Gott hat sich allen Menschen durch alles, was er geschaffen hat, offenbart.

Meine Frau Beth und ich haben gerade unser erstes Kind bekommen – eine wunderhübsche kleine Tochter namens Maisey. Ich frage mich, wie Menschen die Existenz Gottes in Zweifel ziehen können, wenn sie bei der Geburt eines Kindes dabei waren. Die neun Monate vor Maiseys Geburt waren eine Zeit voller faszinierender Erfahrungen und offenbarten uns unendlich viel über die Wunder Gottes und seiner Schöpfung. Ultraschallbilder gaben uns einen herrlichen Einblick in ihr Wachsen und ihre Entwicklung. Wie konnte es sein, dass dieses winzige Baby im Körper meiner Frau lebte, strampelte und sein kleines Herzchen schlug? Wie konnte ein Kind, das noch so klein war, schon perfekt ausgeformt sein, sogar mit klitzekleinen Fingernägeln? Ich staunte darüber, wie gut Gott zu uns war und welche Wunder er tun konnte. Jede kleine Bewegung, die ich fühlte, wenn ich meine Hand auf Beths Bauch legte, war für mich eine Offenbarung von Gott.

Wenn meine Gebete nur noch lauwarm sind, liegt das sehr oft daran, dass ich kein Brennholz nachgelegt habe. Ich habe mir schon zu lange keine Zeit mehr genommen, um die Wunder der göttlichen Offenbarung in mir aufzusaugen. Zeit ist oftmals ein Schlüsselfaktor, wenn es darum geht, das Feuer am Brennen zu halten. Aber wenn wir die Zeit finden, uns mit Gottes Wort vollzusaugen, mit seiner Gegenwart, seiner Schöpfung, und Zeit mit anderen Gläubigen verbringen, dann wird diese Offenbarung wie eine Sturzflut zurück in unser Leben kehren und das Feuer in unseren Herzen von neuem entfachen.

Weiter oben in diesem Kapitel habe ich davon gesprochen, dass wir Gott auch in der dunkelsten Stunde anbeten sollen. Das bedeutet aber nicht, dass wir »Sonnenschein-Christen« werden sollen, die fern von jeder Realität leben und nicht zugeben, dass in ihrem Leben ein paar Dinge schief laufen. Natürlich ist in der Anbetung auch Platz für Gebrochenheit und Klage, aber es gibt einen richtigen und einen falschen Weg, beides auszudrücken.

Wenn wir von Herzen zu Gott schreien, dann darf das niemals eine Kritik daran werden, wer er ist. Ganz offensichtlich sind etwa 70 Prozent aller Psalmen Klagelieder – das heißt, in diesen Liedern schreit ein bedrückter Mensch zu Gott.[3] Aber ein echtes Klagelied stellt niemals den Wert und die Würde Gottes infrage. Stattdessen weiß der Beter, dass seine Güte und Größe die einzige Hoffnung in einer aussichtslosen Situation sind. Selbst im tiefsten Tal der Verzweiflung sollte das Vertrauen noch tiefer gehen und deshalb kann man auch dort Gott anbeten. So wird aus dem Gebet ein wertvolles Loblied, das jedes Hindernis überwindet und sich seinen Weg aus dem Herzen des bedrängten Gläubigen direkt in das Herz Gottes bahnt. In solchen Liedern heißt es: »Selbst in meiner schwärzesten Stunde funkeln die Herrlichkeit deines Wortes und die Güte deines Herzens. Mein Zustand ist gerade nicht der beste, aber kein Umstand, wie schlimm auch immer, könnte dich jemals überschatten.« Das ist Lobpreis, der einen viel kostet, der vielleicht sogar wehtut. Aber Opfer tun eben weh.

Die Psalmen wurden tatsächlich einmal beschrieben als »Lobpreis in der Gegenwart und Abwesenheit Gottes«.[4] Mit anderen Worten: Es ist Anbetung, die in jedem Moment stattfinden kann, egal, ob Gott nahe ist oder scheinbar unauffindbar. Diese Klagelieder sind Herzensschreie zu Gott von einem Ort der Verzweiflung aus. Aber ist das wirklich »Anbetung«? Oder eher »Beschwerde«? In einem gewissen Sinne sind es wirklich Beschwerden. Diese Anfragen an Gott sind der Lobpreis gebrochener Menschen. Aber fast ohne Ausnahme offenbart sich in allen Psalmen auch ein grundlegendes Vertrauen auf Gott. Deshalb ist es wirklich Anbetung. B. W. Anderson erklärte es folgendermaßen: »[…] diese Klagelieder sind Ausdruck der Anbetung – Anbetung in Moll, in dem Vertrauen darauf, dass Gott treu ist […].«[5]

Aus diesem Grund liebe ich Psalm 89. Auf den ersten Blick sieht er gar nicht nach einer Klage aus. Es geht mit der optimistischen Behauptung los: »Herr, für immer will ich singen von den Beweisen deiner Güte.« Das hört sich doch sehr nach einem unbekümmerten Lobpreislied an. Aber das ist nicht der Fall. Bei Vers 50 angelangt, entdeckt man den Zweifel im Herzen des Psalmisten: »Herr, wo sind die früheren Beweise deiner Güte? Du hattest sie David versprochen und dich mit deiner Treue dafür verbürgt.«

Hat der Verfasser sich nicht gerade selbst widersprochen? Er dankt Gott erst für seine große Liebe und fragt sich dann, wo sie denn nun ist?! Genau! Im Moment kann er die Liebe Gottes nicht sehen oder fühlen, aber trotzdem weiß er: Sie ist immer noch genauso da, wie sie es seit jeher war. Hier betet jemand, der vielleicht ein Stück von dem Plan Gottes für diese Welt gesehen hat. Er hat gemerkt, wie perfekt dieser Plan ist. Und deshalb steht er auf und singt mit brennendem Herzen ein unvergängliches Lied über Glauben und Vertrauen.

Jesus selbst hat die Worte eines Klagepsalms benutzt, als er grausam ans Kreuz geschlagen wurde. Unter furchtbaren Qualen für Herz, Seele, Körper und

Geist schrie er laut: »Mein Gott, mein Gott, warum hast du mich verlassen?« – Worte aus Psalm 22. Es ist ein Schrei der Zerrissenheit und doch von seltsam deutlicher Hingabe. Mit seinem letzten Atemzug zitiert der Sohn Gottes Psalm 31, einen weiteren Klagepsalm: »Ich gebe mich ganz in deine Hand« (Vers 6). Erstaunlicherweise betet er auf einmal die Worte eines bekannten Lobpreisliedes seiner Zeit. Und was er da tut, sollte eine Anregung für uns alle sein: Was auch immer um uns herum geschieht, ein Beter des unvergänglichen Gebets wird, wo immer er ist, Gott mit unendlichem Eifer preisen.

Der unwürdige Beter

»Es war in dem Jahr, als König Usija starb. Da sah ich Gott, den Herrn, er saß auf einem sehr hohen Thron. Der Saum seines Mantels füllte den ganzen Tempel. Er war umgeben von mächtigen Engeln [...]. Die Engel riefen einander zu: ›Heilig, heilig, heilig ist Gott, der Herr der Welt, die ganze Erde bezeugt seine Macht!‹ Von ihrem Rufen bebten die Fundamente des Tempels, und das Haus füllte sich mit Rauch. Vor Angst schrie ich auf: ›Ich bin verloren! Ich bin schuldig und unwürdig, von Gott zu reden, genau wie das Volk, in dem ich lebe. Und ich habe den König gesehen, den Herrn der ganzen Welt!‹« (Jesaja 6,1–5).

Vor dem Thron Gottes wird der Prophet Jesaja zu einem »unwürdigen Beter«. In der Beziehung mit Gott erfahren wir etwas von seiner Freundlichkeit und seiner Güte. Aber hier hat eine ganz andere Art von

Begegnung stattgefunden. Dieser heilige Augenblick war geprägt von Unwohlsein und so etwas wie Verzweiflung. Der Prophet trifft auf den allmächtigen Gott – und wird nie mehr der Gleiche sein. Er begreift Gottes Größe und, zutiefst beeindruckt, seine eigene Schwäche: »Ich bin unwürdig!«

Jesaja erfährt seine Gebrochenheit; er ist erschüttert von der Gegenwart Gottes. Aber seine Gebrochenheit ist nicht destruktiv; Gott nimmt ihn auseinander, um ihn anschließend zu einem noch kraftvolleren, reineren Beter zu machen – einem Beter, der mit ganzem Herzen ruft: »Ich bin bereit, sende mich!« (Vers 8). Natürlich ist Lobpreis dazu da, fröhlich und zufrieden zu sein, es sich gut gehen zu lassen. Aber Gott will uns durch den Lobpreis auch manchmal richtig unzufrieden machen. Er durchleuchtet uns mit dem Licht seiner Heiligkeit, damit wir erkennen, was in unseren Herzen wirklich vor sich geht. Richard Foster nennt es »von Gottes Liebe unter die Lupe genommen« zu werden.[1] Dies ist eine andere Seite von Gottes Liebe – oft hart zu ertragen, aber trotzdem Ausdruck seiner Freundlichkeit und keinesfalls eine gewalttätige Untersuchung. Er ist ein heiliger König, und er besteht darauf, dass auch sein Volk heilig ist. Und er ist ebenso der perfekte Vater, der diejenigen zurechtweist, die er liebt – einfach, weil er sie liebt.

Vor kurzem war ich zu einer Lobpreiskonferenz in den USA eingeladen und sollte selbst einen Teil des Lobpreises leiten. Ich bereitete mich wie gewöhnlich darauf vor, indem ich darüber nachdachte, was Gott sich jetzt von mir wünschte. Aber die beste Vorbereitung für mich kam erst während der ersten Lobpreiseinheit, die ein anderer leitete.

Als ich mit den anderen Leuten zusammenstand und wir gemeinsam feierten, erfüllte Gottes Gegenwart mein Herz auf eine neue und mächtige Art und Weise. Aber es war nicht zärtlich und beruhigend wie sonst. Alles, was ich in diesem Moment wollte, war, zu beichten. In meinem Inneren kamen all die kleinen, unausgesprochenen Gedanken an die Oberfläche, all die unfreundlichen Worte, die ich nie gesagt hatte, von denen ich aber jetzt sah, dass sie Stiche im Herzen Gottes waren. Sekunden des Stolzes oder Tage, an denen ich mich mehr um die Bewunderung meiner Freunde bemühte als darum, meinem himmlischen Vater Freude zu bereiten.

»Warum um alles in der Welt bin ich hier als Lobpreisleiter?«, fragte ich mich. »Ich muss erst mal mit Gott ins Reine kommen, und zwar nicht *auf*, sondern *vor* der Bühne.« Ich war ein unwürdiger Beter.

Aber genau so wollte Gott mich haben. Er wollte, dass ich beim nächsten Mal, wenn ich auf der Bühne den Lobpreis leitete, nicht glaubte, ich könne aus eigener Kraft etwas erreichen. Er wollte nicht, dass ich auf mich selbst stolz bin und glaube, etwas Besonderes geben zu können. Er wünschte sich von mir ein gebrochenes, ein auf ihn angewiesenes Herz. Wie schon König David, der »Meistersänger der Israeliten«, herausfand: »Das Opfer, das Gott gefällt, ist ein zerknirschter Geist, ein zerbrochenes und zerschlagenes Herz wirst du, Gott, nicht verschmähen« (Psalm 51,19; Einheitsübersetzung).

Auch das Buch Jona gibt Aufschluss darüber, wie Gott im Herzen eines unwürdigen Beters arbeitet. Als es darum geht, Gott zu preisen, hält sich Jona offensichtlich für äußerst fähig: »Ich bin ein Hebräer und verehre den Herrn, den höchsten Gott, der Land und Meer geschaffen hat«, heißt es in Kapitel 1, Vers 9.

Aber dieses Bekenntnis wird auf eine harte Probe gestellt, als er ein paar sehr unangenehme Worte an ein paar noch unangenehmere und furchteinflößendere Leute überbringen soll. Wir alle kennen die Geschichte – Jona lehnt den Auftrag ab, rennt davon und landet im Magen eines großen Fisches. Wenn man in einem Fisch steckt, hat man eine Menge Zeit, ernsthaft über sich und sein Leben nachzudenken. Und so dauert es auch gar nicht lange, bis aus Jona ein unwürdiger Beter wird, der Gott wieder entdeckt und der mit ihm ins Reine kommen will: »Als mir die Sinne schwanden, dachte ich an dich, und mein Gebet drang zu dir« (Jona 2,8).

Jona wurde vom Scheinwerfer der heiligen Liebe Gottes verfolgt. Es ist nicht leicht, ein paar Tage lang im Bauch eines Fisches zu sitzen, aber es ist noch schwerer, mit einem Schiff auf dem Ozean in Seenot zu geraten. Gott lässt ihn durch sein reinigendes Feuer gehen und Jona kommt als ein stärkerer und reinerer

Beter heraus: »Ich aber will dir danken und dir die Opfer darbringen, die ich dir versprochen habe« (Jona 2,10).

Und wie Jesajas Begegnung mit Gott in ihm das Verlangen geweckt hatte, loszugehen und das Wort zu verkündigen, so zieht auch Jona los – diesmal auf dem richtigen Weg nach Ninive. Manchmal merken auch wir, dass wir ein bisschen vom Kurs abgekommen sind, und dann muss Gott uns wachrütteln und uns wieder auf den rechten Weg bringen. Es kann öfter vorkommen, dass wir uns zerbrochen fühlen. Damit gibt Gott uns Zeit, wieder die richtigen Ziele ins Auge zu fassen und zu prüfen, ob wir noch in die richtige Richtung laufen.

Vor ein paar Jahren steckte ich in genau so einer Phase. Wir nahmen gerade ein neues Lobpreis-Album auf, und irgendwie versuchten wir, auch noch ein paar Seminare im Ausland zwischen die Proben zu quetschen. Eines Freitags zog ich in Richtung Holland los, wo einige Veranstaltungen der *Soul Survivors* stattfanden. Während ich meine Gitarre zum Flugzeug schleppte, merkte ich, dass mein Arm begann, wehzutun. Ich bin bloß müde, dachte ich, aber am Wochenende wurde der Schmerz immer stärker, wenn ich spielte. Am Tag unserer Abreise machte ich mir langsam ernsthafte Sorgen. Ich suchte medizinischen Rat, der aber wenig hilfreich war, und schließlich schwoll mein Arm so sehr an, dass selbst die kleinste Bewegung rasende Schmerzen verursachte. »Was

geschieht hier, Herr? Wir müssen noch ein Album einspielen – ich kann es mir nicht leisten, jetzt auszufal-
len.« Dann wurde langsam auch die Hand taub.

Eine Woche später, nach zahlreichen unglaublichen Zufällen und Fügungen durch Gottes Hand, saß
ich im Behandlungszimmer eines der besten Hand-
Spezialisten des Landes. Er bestätigte mir, dass ich
unter einer sehr akuten Form von Sehnenentzündung
litt. Wenn ich ihn etwas später aufgesucht hätte, wäre
meine Hand vielleicht nie mehr richtig gesund geworden. Das war ein schockierender Gedanke.

In den darauf folgenden sieben Wochen konnte
ich kaum etwas tun. Am schlimmsten war, dass ich
nicht einmal Gitarre spielen konnte. Ich saß zu Hause
und unendlich viele Fragen schwirrten durch meinen
Kopf: Warum passierte das alles? Würde mein Arm
sich je wieder ganz erholen? War der Teufel daran
schuld? Oder war es Gott? Ich hatte keine wirklich the-
ologischen Antworten, aber bald wurde mir eines klar:
Wie auch immer die Antworten auf meine Fragen lau-
teten, Gott hatte auf jeden Fall seine Finger im Spiel.
Er begann, zu mir zu sprechen: Als einer seiner Diener
war ich austauschbar – Diener kommen und gehen,
und Gott kann sich jeden von uns aussuchen, um
einen beliebigen Job in seinem Königreich zu erledi-
gen. Als Lobpreisleiter war ich ebenfalls ersetzbar –
Gott hätte jeden gebrauchen können für die Dinge,
an denen wir aus Gnade teilnehmen durften. Aber
als ein Sohn, als ein Kind Gottes war ich nicht aus-

tauschbar. Es konnte kein zweites Ich geben – ein Kind ist unersetzlich. Ich bekam langsam eine bessere Vorstellung davon, wie ich mein Leben zu führen hatte.

Ich hatte seit so vielen Jahren Lobpreis geleitet, dass ich ein bisschen die Orientierung verloren hatte, und Gott schenkte mir nun einen »Boxenstopp«; er gab mir die Gelegenheit, ein paar längst überfällige Operationen an meinem Herzen ausführen zu lassen. Er lehrte mich einmal mehr, was es heißt, ein unwürdiger Beter zu sein. Als die sieben Wochen vorüber waren und es meinem Arm wieder besser ging, merkte ich, wie sehr Gott diese Zeit gebraucht hatte, um mich mit seiner liebenden und gleichzeitig erziehenden Fürsorge zu segnen. François Fenelon, ein französischer Christ aus dem 18. Jahrhundert, beschrieb diesen Sachverhalt so: »Wann immer wir hinfallen, es ist nützlich, wenn es uns unser fatales, allzu großes Selbstvertrauen nimmt, aber nicht das tiefe und erlösende Vertrauen in Gott.«[2]

Gott macht uns auf vielen verschiedenen Wegen klar, dass wir unwürdige Beter sind: durch äußere Umstände, durch einen flüchtigen Blick auf seine Herrlichkeit oder indem er ganz konkret zu uns spricht, wenn wir mal wieder etwas nicht auf die Reihe bekommen haben. Er lässt uns aber in einer solchen Situation nie lange allein: »Den Abend lang währet das Leiden, aber des Morgens ist die Freude« (Psalm 30,6; Luther). Nur allzu oft folgt der strengen Hand Gottes die zärtliche. Bei Jesaja, Kapitel 40, wird das dem

Volk Israel deutlich. Auf eine Reihe von ernsten Zurechtweisungen am Ende des Kapitels 39 folgen liebevolle, erfrischende Worte: »›Tröstet, tröstet mein Volk!‹, sagt euer Gott. ›Sprecht den Leuten aus Jerusalem Mut zu, sagt zu ihnen: ‚Eure Schuld ist abgebüßt'‹« (Jesaja 40,1–2).

Aber manchmal behalten wir trotzdem einen Kratzer zurück. Wir starten in eine neue Zeit, und Gott gibt uns ein kleines Andenken mit, um uns daran zu erinnern, was er in uns bewirkt hat. Der Apostel Paulus hatte einen solchen Kratzer oder, wie er es nannte, einen »Stachel im Fleisch«, und er wünschte sich nichts mehr, als diesen endlich loszuwerden. Aber Gott machte ihm klar, dass dieser Stachel ihn an die eigene Schwachheit erinnern sollte, und bald sah auch Paulus ein, dass der Stachel etwas war, das ihn davon abhielt, allzu stolz auf sich selbst zu sein (2 Korinther 12,7–9).

Gelegentlich kommt auch meine Tendinitis wieder zum Vorschein, und ehrlich gesagt tut mein Arm gerade heute weh, da ich diese Zeilen schreibe. Die Ärzte sagen, ich würde immer dafür anfällig bleiben. Vielleicht werde ich eines Tages vollständig geheilt sein – das hoffe ich wirklich –, aber solange ich ihn noch spüre, erinnert mich der Schmerz daran, worüber Gott zu mir gesprochen hat. Er ist eine Einladung, auf die Knie zu sinken und als ein Unwürdiger zu beten.

Der sich erniedrigende Beter

Das Beste am Schreiben von Lobpreisliedern ist, dass man einfach aus der Bibel abschreiben kann und dafür nicht belangt wird, sondern sogar noch Lob erhält! Vor ein paar Jahren schrieb ich einen Song namens »Undignified« (»Verrückt für meinen König«). Aber eigentlich habe ich ihn nicht selbst geschrieben. Alles, was ich tat, war, ein paar Zeilen abzuschreiben, die König David vor ein paar tausend Jahre gesungen hat. Die Israeliten brachten nach langer Zeit die heilige Bundeslade zurück nach Jerusalem, und David war so begeistert, dass er wie ein Verrückter tanzte. Seine Frau Michal kritisierte ihn deshalb, aber er konterte mit dem Satz, der heute ein Klassiker ist: »Ich will auch künftig zu seiner Ehre tanzen und springen und mich noch tiefer erniedrigen als diesmal« (2 Samuel 6,21–22).

Was mich an dieser Geschichte am meisten bewegt, sind die äußeren Umstände von Davids Tanz. Er war nicht nur einer von vielen in der Masse – er war der König. Hier war ein großer, heldenhafter Mann, der ein Image zu bewahren hatte; ein Mann, der mehr Macht und Reichtum besaß, als wir uns jemals vorstellen können. Trotzdem führte er den Festzug an und »verlor« sich dabei so sehr vor allen anderen, als er Gott anbetete; sein Lobpreis war so voller Feuer, dass er stärker war als jede Hemmung und jeder Stolz. Wahrer Lobpreis vergisst sich immer selbst.

Eines der hebräischen Wörter für preisen, *hallal*, bedeutet, »laut und töricht« oder »verrückt« vor dem Herrn zu sein (von diesem Wort stammt auch unser »Halleluja« ab). In einem Wettbewerb für Orte der gelebten Leidenschaft sollte die Kirche Gottes eigentlich locker den ersten Platz belegen. Aber gerade auf dem Gebiet der Leidenschaft hinken wir oft hinterher. Wird es nicht langsam Zeit, in unserem Lobpreis ein bisschen mehr das »Ausflippen« zu entdecken, wie David es tat?

Um ehrlich zu sein, ich bin in dieser Frage selbst auch etwas schuldig. Ich könnte es auf meine Persönlichkeit schieben, aber tief in mir weiß ich, dass das nicht die ganze Wahrheit ist. Ab und zu begreife ich ansatzweise, welche Freiheit im Lobpreis wirklich stecken kann. Eines Abends, ich war 15 Jahre alt, fand wie jeden Freitag unser Jugendtreffen statt. Aber während wir sangen und Gott priesen, berührte Gott mein Herz auf eine ganz neue, frische Art und Weise, und ich fühlte, wie ich vor Liebe zu ihm hätte explodieren können. Ich wollte diese Liebe um jeden Preis rauslassen, aber Singen reichte dazu nicht aus. Ich hatte noch niemals zuvor getanzt, also erschien mir das auch nicht als eine geeignete Alternative. Ich wurde schier wahnsinnig, als ich überlegte, wie ich Gott angemessen loben konnte, und schließlich stürzte ich aus der Kirche, vergaß dabei, meine Schuhe anzuziehen, und rannte zehn Minuten lang über den Parkplatz. Ich muss wie ein Idiot ausgesehen haben. Aber in diesem Moment störte mich das kein bisschen. Mich interessierte nicht, wer mich beobachtete oder wie abgefahren die Szene aussah – ich war vor Gott, vor ihm allein. Wie Oswald Chambers einmal gesagt hat: »Wenn wir auf diese Weise durchdrehen, dann sind uns die Konsequenzen vollkommen gleich, weil unser Leben so sehr von ihm erfüllt ist.«[1]

Wir sind so von ihm erfüllt und freuen uns an ihm, dass wir vergessen, was andere über uns denken, und uns ihm ganz hingeben. Ich sehne mich danach, das öfter zu erleben – Zeiten, in denen mein Herz so sehr von Jesus eingenommen wird, dass dieser überschäumende Lobpreis auf abgefahrene Art und Weise nur so aus mir herausprudelt.

Manchmal müssen wir daran erinnert werden, wie leidenschaftlich Gott uns liebt. Das Gleichnis vom Verlorenen Sohn ist wohl eines der besten Bilder für Gottes leidenschaftliches Herz. Dass der Vater den aufsässigen Sohn wieder willkommen heißt ist schon ein großartiges Bild an sich, aber *wie* er ihn begrüßt, ist noch bewegender. Dieser wohlhabende, ehrwürdige Mann verliert alle Hemmungen, rennt auf seinen Sohn zu und vergisst alles um sich herum. So verhält man sich als Person von seinem Rang in der Regel nicht; wenn jemand aus irgendeinem Grund rennen musste, dann hätte er normalerweise einen Diener geschickt. Aber wenn der Vater selbst auf seinen Sohn zustürmt, dann sehen wir ein mächtiges Bild seiner außergewöhnlichen, überschäumenden Liebe. Unser himmlischer Vater liebt uns mit der gleichen Durchgedrehtheit und leidenschaftlicher, sich erniedrigender Lobpreis ist nur unsere logische Antwort.

William Barclay schrieb einmal:

> *»Die Liebe macht nicht Halt, um Für und Wider abzuwägen; die Liebe macht nicht Halt, um zu erörtern, wie wenig sie mindestens geben muss. Mit einer Form von göttlicher Überschwänglichkeit gibt Liebe alles, was sie hat, und zählt niemals ihren Gewinn. Berechnung ist niemals Teil von Liebe.«*[2]

Vor einer Weile gab es eine große *Soul Survivors*-Veranstaltung in Manchester, wo wir viele rührende Beispiele für selbstlose Anbetung und vollkommenes Dienen sahen. Die Veranstaltung bedeutete einen großen finanziellen Aufwand, und wir baten die Leute zu helfen, um wenigstens einen Teil der Kosten zu decken. Eine junge Frau gab uns einen Scheck über eine seltsam Summe – etwa 4 521 Pfund und 2 Pennys. Das bewegte uns an sich schon tief, aber wir waren auch etwas verwundert. Was für eine komische Summe?! Wie wir später herausfanden, hatte sie ihren gesamten Bausparvertrag aufgelöst und den Betrag gespendet, um Gott damit zu preisen.

Das Beispiel der jungen Frau bringt das Herz eines sich erniedrigenden Beters auf den Punkt. Er ist so völlig von Gott eingenommen, dass er sich selbst hingibt, ohne zweimal darüber nachzudenken. Die junge Frau hatte nicht Halt gemacht, um die Kosten zu überschlagen, oder Tag und Nacht das Für und Wider abgewogen. Aber in einem sich erniedrigenden Augenblick, manche würden sagen in einem »leichtsinnigen« Augenblick, gab sie gerne alles, was sie besaß. Gott liebt diese Überschwänglichkeit eines fröhlichen Beters.

Ein anderes Beispiel für einen überschwänglichen Beter war Charles Wesley. Im Zeitraum von 50 Jahren schrieb dieser sich »erniedrigende Beter« ungefähr 6 500 Lobpreislieder. Eines seiner frühesten, geschrieben, um seinen ersten Jahrestag als Christ zu feiern, hieß: »O, hätt' ich tausend Zungen nur, zu rühmen Jesu Tat.« Als ich diesen Hymnus zum ersten Mal hörte, dachte ich: *Eintausend Leute singen zu Gott – das ist noch nicht gerade sehr beeindruckend. Wir waren doch fast alle schon auf Lobpreis-Veranstaltungen, die größer waren.* Aber dann begann ich zu verstehen, was Wesley sich dabei wirklich vorstellte. Er sah sich selbst mit tausend Zungen! Er wollte damit sagen: »Ich wünschte, ich hätte eintausend Zungen, denn wenn ich sie hätte, würde ich Gott mit jeder einzelnen von ihnen preisen!« Auf der einen Seite eine ziemlich komische Vorstellung, auf der anderen Seite das wunderschöne Bild einer hingebungsvollen Anbetung.

Ich bin überzeugt: Wir sollten die verrückten Seiten in uns zulassen. Wir sollten in unserem Leben und in der Anbetung ab und zu etwas wirklich Abgedrehtes tun. Ich bin fast mein ganzes Leben lang Christ gewesen, und während ich älter werde, fürchte ich mich am meisten davor, diese Verrücktheit zu verlieren. Das Leben geht immer weiter, und wir werden mit immer mehr Druck, Verantwortung und Ablenkungen konfrontiert. Aber das Geheimnis besteht darin, ein lebendiges Herz zu behalten, das ganz auf Gott ausgerichtet ist. Würde ich heute noch barfuß auf diesem Parkplatz herumrennen? Oder würde ich mir die Zeit nehmen, erst noch die Schuhe anzuziehen und mich dann ganz dagegen entscheiden, weil mich ja jemand sehen könnte?

Wenn wir nach Jerusalem zurückblicken, dann sehen wir den tanzenden König David, der von Gott so überwältigt war, dass er seine Umgebung gar nicht mehr wahrnahm. Es war ihm völlig egal, wer ihm zusah oder was die anderen denken mochten. Sein Herz bestand nur noch aus Verehrung und er betete von ganzer Seele. Im Lukas-Evangelium, Kapitel 6, Vers 45 heißt es dann auch bezeichnenderweise: »Sein Mund spricht nur aus, was sein Herz erfüllt.«

Und genau so singen wir von dem, was wir in

unseren Herzen bewahren. Um nichts anderes ging es bei König Davids durchgedrehtem Tanz. Es war keine Show und es war nicht bloß Adrenalin oder Aufregung. Es war sein Herz, das von der unendlichen Liebe zu Gott überfloss.

Das ist eine lehrreiche Geschichte für uns und unseren Lobpreis. Bei all der Verrücktheit und all dem Leichtsinn müssen wir darauf achten, dass es um nichts weiter als unser von der Liebe zu Jesus überfließendes Herz geht, damit unser Gebet nicht zu einer Show für andere wird. Lobpreisleiter sollten dies immer im Hinterkopf behalten. Es besteht leicht die Gefahr, dass Anbetung, die früher von ganzem Herzen kam, auf der Bühne vor anderen mehr und mehr zum Schauspiel wird. Wir sollten uns gegen jede Form von Theater wappnen, wenn wir auf der Bühne stehen und die Leute vor den himmlischen Thron geleiten. Gott hat genug Schönheit, Majestät und Größe, um uns für alle Ewigkeit zu begeistern. Wir brauchen keinen Lobpreisleiter, der uns von sich selbst beeindrucken will oder versucht, künstliche Anbetung vorzuspielen. Tatsächlich lenkt das sogar die Aufmerksamkeit von Gott ab, und normalerweise merken es die Menschen innerlich, wenn so etwas geschieht. Lobpreisleiter müssen so nachdrücklich wie möglich auf Gott verweisen und niemals auf sich selbst.

Ich beschreibe einen guten Lobpreisleiter oft als jemanden, der so gut führt, dass die Leute ihm folgen können, aber nicht gut genug, dass er selbst in den Mittelpunkt gerät. Wenn man darüber nachdenkt, dann sind Lobpreisleiter, die die ganze Aufmerksamkeit auf sich lenken, gar keine richtig guten Lobpreisleiter. Sie haben ihr Ziel verfehlt. So einfach ist das. Ihr eigentliches Ziel haben sie gar nicht erreicht. Es gibt ein sehr altes Gedicht, in dem von einem Ort die Rede ist, an dem »Gott durch unsere Musik gepriesen wird und die Verherrlichung der Selbstherrlichkeit keinen Raum mehr lässt«.[3]

In Gottes Palast ist kein Platz für die Stolzen. Wenn wir anderen den Zugang zu seiner Heiligkeit eröffnen wollen, dann müssen wir sichergehen, dass auch tief in uns nichts mehr ist, das die Aufmerksamkeit für sich alleine haben will. Er muss größer, wir müssen kleiner werden. Er muss verherrlicht werden und wir erniedrigt.

Oh Gott, zeige uns diesen Ort – einfachen Anbetern und Lobpreisleitern gleichermaßen –, an dem wir so von deiner Liebe erfüllt sind, dass wir uns um unser eigenes Bild, um unser Ansehen keine Gedanken mehr machen. Wo wir dich in der Anbetung so sehen, dass wir uns in deiner Herrlichkeit, deiner Liebe und Größe verlieren können.

Der unberechenbare Beter

Es war die letzte Woche vor seiner Kreuzigung und die Situation forderte von Jesus ihren Tribut. Umgeben vom Hass der Leute und in Erwartung des Verrats, wurde der Druck von Tag zu Tag größer. Der Schrecken von Gethsemane und Golgatha stand unmittelbar bevor. Und doch passierte in dieser zermürbenden Zeit eine wunderschöne Geschichte, »eine Oase der Lieblichkeit in der Wüste der Bitterkeit«.[1]

Jesus war zu Gast bei einem Mann namens Simon, als plötzlich eine Frau mit einer Flasche parfümiertem Öl eintrat. Ohne eine Erklärung brach sie den versiegelten Verschluss auf und goss den gesamten Inhalt über Jesu Kopf. Das war so ziemlich das Verrückteste, was man tun konnte, und jeder wusste es. Zum einen war es nämlich eine enorme Geldverschwendung. Ein solches Parfümöl sollte man Tropfen für Tropfen sparsam benutzen, nicht alles auf einmal. Aber Jesus sah das anders: »Sie hat mir einen guten Dienst getan« (Markus 14,6).

Für ihn kam dieser Akt der Hingabe genau zur rechten Zeit – unerwartet, ungewöhnlich und umso bedeutender für den Sohn Gottes. Es war die Hingabe einer Frau, deren Handlungen nicht von eingefahrenen religiösen Vorstellungen bestimmt wurden. Sie wurde an diesem Tag mit religiösen Erwartungen konfrontiert, ließ sich aber nicht von ihnen beeindrucken. Es war die Hingabe einer Frau, die sich nicht an »die Regeln« hielt. Sie hatte ein unberechenbares, ursprüngliches Herz mit dem Wunsch, Jesus zu verherrlichen.

Als Beter in der heutigen Zeit sollten wir in unserem Lobpreis die gleiche Art von Unberechenbarkeit kultivieren. Wenn wir vor den lebendigen Gott treten, dann sollte in unserem Gebet immer etwas Neues und Überraschendes sein, denn das ist ein Zeichen für Lebendigkeit. Lobpreis sollte eine Begegnung darstellen, einen Ort, an dem Liebe in einer unvorhersagbaren Weise gegeben und empfangen wird. Wie Gary Furr und Milburn Price es ausgedrückt haben: »Weil Lobpreis eine Unterhaltung ist und keine Betrachtung des Vergangenen, deshalb ist er dynamisch, unberechenbar, und man weiß nie, wie er ausgeht.«[2]

Natürlich ist es manchmal wichtig, Lobpreis in einer bestimmten Form zu feiern; Traditionen gibt es in jeder Gemeinde, und das ist auch nicht schlecht. Gott wirkt oft auf diesem Weg. Gewohnte Elemente geben dem Beter Sicherheit. Aber Traditionen alleine können schnell leblos werden, wenn es sie nur noch um ihrer selbst willen gibt und kein Platz mehr bleibt für die spontane Liebe. Wenn wir uns treffen, um Gott anzubeten, dann darf die Form, so wichtig sie auch ist, niemals das Leben erdrücken. Und fest geprägte Glaubensausübung darf niemals den romantischen Anteil des Gebets verdecken. G. K. Chesterton merkte kritisch an, dass »unsere Gebete oft mehr nach grauer Theorie als nach einer lebendigen Liebesbeziehung« aussehen, und damit könnte er Recht gehabt haben.

Gott hat das Herz seiner Braut, der Kirche, erobert. Und dabei geht es nicht um eine trockene, vorhersagbare Beziehung, sondern um eine »göttliche Romanze«[3] voller Leben und Energie. Eine echte romantische Beziehung ist niemals berechenbar. Es gibt keine beschränkte Anzahl von Möglichkeiten, Liebe auszudrücken. Ein wirklich verliebtes Herz wird immer wieder neue und kreative Wege suchen, um zu dem zu kommen, für den es schlägt. Verliebte Menschen tun oft viele verrückte Dinge. Manchmal wird es dabei sogar für diejenigen peinlich, die um sie herumstehen. Die Frau, die an jenem Tag mit ihrem Öl zu Jesus kam, brachte vermutlich alle Anwesenden in Verlegenheit. Außer Jesus natürlich.

Wird es nicht Zeit, dass die Braut Christi mehr verrückte Dinge für denjenigen tut, den sie liebt? In der Offenbarung, Kapitel 2, heißt es von Jesus, dass er sich danach sehnt, seine Kirche täte mehr von dem, was sie anfangs getan hat. Die Gemeinde in Ephesus, zu der er spricht, scheint ihre erste Liebe verloren zu haben. Sie durchleidet harte Zeiten, aber sie hat keine Freude mehr an Jesus. Was ist das für eine Beziehung, in der es nur Leid gibt, aber keine Freude mehr? Wo ist die erste Liebe, die die Gemeinde am Anfang so sehr auszeichnete? Wo ist die Verliebtheit, die sich am Anfang so kreative Wege ausdachte, wie man Gott anbeten kann?

Ein Zyniker könnte sagen, dass diese Veränderung im Leben ganz normal und dieser Verlust der Liebe unvermeidlich ist. Der Zyniker in mir sagt manchmal genau das Gleiche. Ich denke dann zurück an die Zeiten, als mich Gottes Liebe ganz erfüllte; an die Zeiten, als mein Herz noch bereit war, Gott auf unberechenbare, verrückte Art und Weise anzubeten. Es interessierte mich damals nicht, in welcher religiösen Umgebung ich mich befand. Ich war bereit, den Verschluss der Flasche aufzubrechen und das Öl reichlich auszugießen. Aber jetzt erwische ich mich manchmal dabei, wie ich das verbleibende Öl meiner Liebe zu Gott abwäge, nur Tropfen für Tropfen herauslasse, ohne Leidenschaft oder Spontaneität; wie ich Angst habe, das Unberechenbare zu tun, für den Fall, dass es zu ungewöhnlich oder zu unangebracht ist. Und ausgerechnet ich soll Lobpreisleiter sein!

Tief in mir weiß ich, dass eine Beziehung mit dem lebendigen Gott nicht einfach verblassen oder sich abnutzen sollte, um wie ein Paar alte Schuhe irgendwann auseinander zu fallen. Sie sollte jeden Morgen neu sein, genau wie die Gnade, auf die sie antwortet. In meinem Herzen – und, wichtiger noch, in Gottes Herzen – hallt der Ruf, zur ersten Liebe zurückzukehren, zur romantischen Liebe im Lobpreis. Das ist Gottes Einladung an uns alle.

Gott erwartet auch von Lobpreisleitern oft, dass sie etwas Unerwartetes tun. Manchmal hat er eine ganz bestimmte Vorstellung von einem ganz bestimmten Moment. Wenn wir tun, was der Vater tut, in dem Moment, in dem er es tut, dann wird der Vater sich in unseren Gottesdiensten auf mächtige und überraschende Art und Weise bemerkbar machen. Das ist der Schlüssel zu sinnvollem Dienst – das zu tun, was der Vater tut, genau zur richtigen Zeit.

Vor ein paar Jahren waren Mike Pilavachi und ich zu einem Lobpreis-Event in Norwegen eingeladen. Zu dieser Zeit hatte Mike noch große Angst vor dem Fliegen, und er bestand darauf, statt eines Flugzeugs lieber die Fähre zu nehmen. Das bedeutete dummerweise, dass wir statt einer 40-minütigen Fahrt zum Flughafen und einem 90-minütigen Flug ganze sechs Stunden Fahrt zur Fähre und anschließend 26 Stunden auf hoher See vor uns hatten (Nicht, dass ich immer noch sauer wäre!). Zu allem Überfluss konnte man auf dem Schiff nichts anderes tun als Bingo zu spielen, insofern hatten wir eine sehr langweilige Reise.

Um eine lange Geschichte (und ich meine wirklich

lang) etwas abzukürzen: Ich war ziemlich schlecht gelaunt, als wir in Norwegen ankamen.

Endlich erreichten wir das Jugendtreffen, und es war eines dieser Treffen, bei denen alles schief zu gehen scheint. Ich versuchte als Lobpreisleiter auf verschiedenen Wegen, an die Leute heranzukommen, aber nichts funktionierte. Wir spielten so vor uns hin, keiner war wirklich bei der Sache; ich fühlte, wie mir die Sache aus den Händen glitt.

Plötzlich tauchte ein Song in meinem Kopf auf. Aber es war kein Song, den ich in dem Moment gerne gehört hätte. Statt einer erfrischenden Melodie und einem lebendigen Text, der uns alle auf wundersame Weise in der Anbetung vereinen würde, war alles, woran ich denken konnte, Michael Jacksons Song »You are not alone«, der gerade in den Charts war. Ich bildete mir ein, ich hörte eine leise Stimme, die mich aufforderte, als Nächstes genau diesen Song zu singen. »Das kann ich nicht machen«, sagte ich zu mir, und es war mir schon peinlich, überhaupt nur daran gedacht zu haben. Aber die Stimme verschwand leider nicht, und ich überlegte mir, dass es eigentlich nur besser werden könnte, da wir ja schon an einem Tiefpunkt angelangt waren. Also begann ich gegen jedes bessere Wissen, den Refrain des Songs zu schmettern, unsicher bei den Akkorden: »You are not alone, I am here with you …«

Es war schrecklich. Kaum hatte ich mit dem Song angefangen, dachte ich: *Was tust du da, du Vollidiot?*

Du sollst hier Lobpreis leiten und keine schlecht kopierte Chartmusik trällern! Ich fühlte mich in dem Moment, als liefe ich auf einem Stahlseil in Schwindel erregender Höhe. Wenn man einmal losgelaufen ist, gibt es kein Zurück mehr. Die einzige Möglichkeit, einigermaßen heil aus der Sache wieder rauszukommen, besteht darin, weiterzulaufen und nicht nach unten zu sehen. Also kniff ich meine Augen fest zusammen, hoffte auf das Beste und überlegte, wann wohl die nächste Fähre nach Hause fahren würde.

Als ich danach mit gesenktem Kopf meine Gitarrenkoffer packte, kam eine Gruppe von Jugendlichen auf mich zu. Wie sich herausstellte, waren es keine Christen, und der Song von Michael Jackson war die einzige Möglichkeit für sie gewesen, in den Gesang mit einzustimmen. Am Ende spielten wir zusammen ein paar Popsongs und unterhielten uns über dies und das. Nach den Minuten, die wir zusammen verbracht hatten, merkte ich, dass sich ihre Einstellung gegenüber der Kirche geändert hatte. *Danke, Herr,* dachte ich, *wenigstens etwas Gutes hat das alles bewirkt.* Als sie gingen, sah ich im Augenwinkel eine junge Frau auf mich zukommen. Sie war in Tränen aufgelöst. Ich drehte mich zu ihr, um mich mit ihr zu unterhalten, und als sie mir ihre Geschichte erzählte, wurde mir klar, wie Gott an diesem Abend gewirkt hatte.

»Es ging mir furchtbar schlecht, als ich heute Abend hierher kam. Ich bin sechs Stunden unterwegs gewesen, um zu diesem Lobpreistreffen zu kommen, und die ganze Zeit habe ich Gott angefleht: ›Warum hast du mich allein gelassen? Gott, du hast mich allein gelassen und ich bin verzweifelt. Dieses Treffen ist mein letzter Versuch – ich muss etwas von dir hören, ich muss wissen, dass ich nicht alleine bin.‹«

Als ich den Jackson-Song gesungen hatte – »You are not alone, I am here with you« –, da war die Frau in Tränen ausgebrochen. Gott hatte ihre verzweifelten Gebete auf einem sehr direkten, persönlichen Weg beantwortet.

Diese Art von Geschichten passiert mir eigentlich nicht besonders oft, aber sie war mir eine gute Lehre. In unserem Lobpreis muss immer ein Platz für das Unvorhersehbare bleiben. Manchmal wirkt Gott in seiner Weisheit mächtig durch das, was für uns wie die größte Peinlichkeit aussieht.

Als Lobpreisleiter erliegt man leicht der Versuchung, einen Abend nach einer bewährten Routine zu gestalten. Es ist nicht falsch, einen Abend zu planen oder bei der Auswahl der Lieder nach einer bestimmten Regel zu verfahren. Im Gegenteil, das ist sogar sehr wichtig. Aber es muss auch Platz für Spontaneität bleiben. Achte jederzeit auf das Flüstern des Heiligen Geistes, wenn er dich an einen anderen, unbekannten Ort führen will. Achte auf den Heiligen Geist, wenn er dich mit seiner Frische überraschen will. Wie Kardinal Suenens einmal sagte: »Durch das, was Menschen für vorherbestimmt halten, atmet der Geist Gottes einem Sonnenstrahl gleich, überraschend.«[4]

Es gibt nichts Spannenderes als eine lebendige Zeit der Anbetung, in die Gott mit seiner Frische eingreift, sodass niemand wirklich weiß, was als Nächstes passiert. Der Heilige Geist führt uns in den herrlichsten Glanz seiner Königskammern, und manchmal führt er uns auf Wegen dorthin, die wir nie zuvor betreten haben.

Das heißt aber nicht, dass Lobpreisleiter sich unbedingt immer vollkommen unvorhersehbar verhalten müssen. Das wäre geradezu dumm. Wenn wir eine Überraschung nach der anderen produzieren würden, wären die Leute schnell irritiert und hätten bald keine Lust mehr, uns zu folgen. C. S. Lewis ging davon aus, dass zu viele überraschende und neue Elemente in einem Lobpreisgottesdienst dazu führen würden, dass die Leute sich mehr auf den Lobpreis konzentrieren, anstatt Gott selbst zu preisen. Oder, wenn man so will, sie achten nur noch auf den Gottesdienstablauf und nicht mehr auf Jesus. Deshalb erinnert Lewis die Lobpreisleiter: »Die Aufforderung an Petrus lautete ›Weide meine Schafe‹, und nicht ›Experimentiere mit meinen Mäusen‹ oder ›Bring meinen Hunden neue Tricks bei‹«![5]

Das Geheimnis liegt darin, das richtige Gleichgewicht zwischen dem Prophetischen (unser Bedürfnis, neue Wege zu gehen) und dem Pastoralen (dem Bedürfnis, die Leute mitzunehmen) zu finden. Dazu brauchen wir die Hilfe des Heiligen Geistes. Wir müssen ihn um Einsicht und Weisheit bitten, damit uns das gelingt.

Ich hörte neulich jemanden, der »leitender Lobpreiser« statt »Lobpreisleiter« sagte. Mein erster Gedanke, um ehrlich zu sein, war: *Tja, ziemlich clever – ein geschicktes Wortspiel.* Aber je mehr ich darüber nachdachte, desto mehr begriff ich, dass dieses kleine Wortspiel sehr viel darüber aussagte, wie man die Sache sieht. Denn genau betrachtet ist der Heilige Geist der eigentliche »Lobpreisleiter« – er ist verantwortlich für alles, was in unserer Anbetungszeit von Bedeutung ist. Im Philipper-Brief 3, Vers 3 steht, dass wir Lobpreis nur mit dem Heiligen Geist Gottes feiern können, und Jesus stellt klar, dass es eine der Hauptaufgaben des Heiligen Geistes ist, Gott Ehre zu bringen. Dadurch wird der menschliche »Lobpreisleiter« etwas mehr zu einem »leitenden Lobpreiser«: Er versucht, der Leitung durch den Heiligen Geist zu folgen, und betet von ganzem Herzen an, damit andere seinem Beispiel folgen können.

Wenn man alles auf diese Weise betrachtet, dann hat das beträchtliche Folgen für Lobpreisleiter oder, wie wir sie hier nennen wollen, leitende Lobpreiser. Zunächst nimmt es den Druck von ihnen – es unterstreicht die Tatsache, dass wir Anbetung nicht produzieren können. Egal, wie sehr wir uns anstrengen und ins Zeug legen, richtigen Lobpreis können wir nicht selbst erzeugen. Anbetung geschieht immer durch den Geist Gottes.

Die zweite Folge für leitende Lobpreiser ist, dass es uns unsere Abhängigkeit vor Augen führt. Oswald

Chambers sagte einmal: »Vollkommene Schwachheit und Abhängigkeit sind für den Heiligen Geist Gelegenheiten, seine Stärke zu zeigen.«[6] Das kann für diejenigen von uns, die mit der Leitung von Lobpreis zu tun haben, eine echte Lehre sein. Wir hören so viel über die praktische Seite der Dinge: wie man die Übergänge zwischen zwei Songs gestaltet, wie man sein Instrument gut spielt oder Gebete in die Musik einbaut. Versteht mich nicht falsch – vieles von dem ist absolut notwendig. Aber das Geheimnis ist, nicht zu vergessen, dass es keinen Ersatz für den Heiligen Geist Gottes gibt. Wenn er nicht dabei ist, dann merken wir es, und keine noch so gute Musik, keine noch so professionellen Übergänge können diese Lücke jemals füllen. Ich habe oft die Ehre, mit ein paar fantastischen Musikern und wahren Lobpreislegenden zusammenzuspielen. Selbst unsere Ortsgemeinde ist überproportional mit begabten Musikern gesegnet. Ab und zu verlasse ich mich zu sehr auf diese Fähigkeiten und erwische mich bei dem Gedanken, dass ich mit einer guten Band automatisch »guten Lobpreis« machen könnte. Aber Gott findet immer einen Weg, um mich daran zu erinnern, dass die Abhängigkeit von ihm der Schlüssel ist und immer sein wird. Anbetung ist eine Frage des Geistes, lange bevor es eine Frage der Musik ist.

Die dritte Folge, wenn man die Dinge so betrachtet, ist, dass die Anbetung nicht mehr nur von der Bühne ausgehen muss. Es kann durchaus sinnvoll sein, einen leitenden Lobpreiser auf der Bühne zu haben – einen, der länger darüber nachgedacht hat, wo Gott uns hinführen möchte, und der auch sein Instrument gut genug beherrscht, dass wir alle gemeinsam in die Anbetung einstimmen können. Aber es ist ebenso die Aufgabe dieser Person, darauf zu achten, dass Gott möglicherweise auch durch andere führen will. Es kann eine so reiche Zeit sein, wenn wir einen Raum schaffen, in dem sich jeder frei fühlen darf, ein Lied anzustimmen und sich in die Richtung bewegt, in die der Heilige Geist ihn führt. Und noch einmal: Das nimmt den Druck von denen, die vorne stehen. Ich stand schon viele Male auf der Bühne und hatte keine Ahnung, was ich als Nächstes tun sollte, aber dann begann genau das Richtige aus der versammelten Gemeinde heraus zu passieren.

Manchmal tappen wir in eine Falle und vergessen, wer der Heilige Geist eigentlich ist. Einige christliche Strömungen versuchen, ihn zu ignorieren, während er für andere so real ist, dass man scherzhaft sogar die Treffen mit ihm im Terminkalender notiert. Vielleicht müssen wir uns öfter daran erinnern, was im Nizänischen Glaubensbekenntnis steht: Er wird »mit dem Vater und dem Sohn zugleich angebetet und zugleich geehret« (Luther, nach: Evangelische Bekenntnisschriften 1824). Und wir müssen auch verstehen, dass die Abhängigkeit vom Heiligen Geist das Geheimnis der wahren, authentischen Anbetung ist. Als Lobpreisleiter und Anbeter gleichermaßen müssen wir ihm immer mehr Ehre erweisen und uns immer mehr auf ihn verlassen.

Gott sucht nach Betern, die dem Flüstern seines Heiligen Geistes, dem eigentlichen »Lobpreisleiter«, bereitwillig ins Abenteuer folgen. Nach Leuten, die in ihrem Leben und wenn sie sich treffen, das Feuer der ersten Liebe am Brennen halten – und deren Herzen immer offen sind für das Unerwartete.

Der unverhüllte Beter

Am Ende von Exodus 34 wird berichtet, dass Mose nach einer eindrucksvollen Begegnung mit dem lebendigen Gott vom Berg Sinai herabstieg. Ihm war eine unglaublich mächtige Offenbarung zuteil geworden; er hatte so tief in das Herz Gottes und seiner Größe geschaut, dass sein Gesicht davon glühte. Er strahlte so sehr, dass die Menschen Angst hatten, ihn anzusehen. Von diesem Zeitpunkt an trug Mose einen Schleier, um sein Gesicht zu verdecken, aber »sooft er ins heilige Zelt ging, um mit dem Herrn zu reden, nahm er die Verhüllung ab« (Vers 34).

Wenn er sich mit Gott traf, dann sollte nichts, nicht einmal ein dünnes Stückchen Stoff, seinen Blick auf Gott verschleiern.

Dieser Abschnitt gibt uns einen Einblick in zwei Dinge: in die mächtige Offenbarung Gottes und in die Veränderung, die sie in denen hervorruft, die sie erfahren. Und je größer die Offenbarung, desto größer die

Verwandlung. Unverhüllt in seiner Anbetung und mit einem unglaublichen Zugang zur Gegenwart Gottes wurde Mose als Beter verändert. Er glühte vor Gottes Herrlichkeit.

Das Neue Testament hat eine wunderbare Nachricht für uns: Auch wir können unverhüllte Beter werden. »Wir alle sehen mit unverhülltem Gesicht die Herrlichkeit des Herrn. Dabei werden wir selbst in das verwandelt, was wir sehen, und bekommen mehr und mehr Anteil an seiner Herrlichkeit. Das bewirkt der Herr durch seinen Geist« (2 Korinther 3,18).

Gott hat uns in der Anbetung an einen privilegierten Ort eingeladen. Auf der einen Seite braucht der Allmächtige sich niemandem zu offenbaren. Er ist wie ein heiß brennendes Feuer, lodernd vor Macht und Heiligkeit. Auf der anderen Seite brennt er auch mit einem liebenden Herzen für sein Volk und sehnt sich danach, jedem Einzelnen von uns den Weg zu seiner Herrlichkeit zu zeigen. Dorthin, wo wir verwandelt werden in das, was wir sehen. Wie es einmal jemand formuliert hat: »ihn bestaunen heißt werden wie er«.

Als ich sieben Jahre alt war, starb plötzlich mein Vater. Am einen Tag war er noch bei uns und am nächsten war er fort. Ein paar Jahre später fand ich heraus, dass er Selbstmord begangen hatte. Diese Entdeckung führte zu neuem Schmerz und neuen Fragen. War ich vielleicht daran schuld? Hat er mich nicht genug geliebt, um am Leben zu bleiben? Meine Mutter heiratete zum zweiten Mal, aber die Chance, mein zweiter

Vater zu sein, verspielte der Mann. Er brachte unser Leben durcheinander und verließ uns dann.

Aber mitten in diesem Chaos war Gott auf meiner Seite. In den Psalmen wird er manchmal als der »Vater für die Vaterlosen« bezeichnet, und als ich mich ihm näherte, fand ich Heil und Geborgenheit in den Armen meines himmlischen Vaters. Ich bin mir sicher, dass das vor allem durch die Anbetung geschah. Beim Lobpreis habe ich oft geweint, manchmal ohne ersichtlichen Grund. Aber wenn ich jetzt zurückschaue, dann sehe ich, dass Gott mein Herz einfühlsam gemacht hat und langsam die schmerzhaften Wunden der Vergangenheit heilte. Ich kam nicht zu ihm, um geheilt zu werden – ich kam zu ihm, weil er mein Herz erobert hatte. Gott kann man niemals mehr geben, als man von ihm bekommt. Die ganze Zeit hatte ich gedacht, ich würde ihm etwas bringen. Doch Gott, in seiner Gnade, hatte andere Pläne. Ich war ein unverhüllter Beter, der in seiner Gegenwart verwandelt wurde. Jedes Mal, wenn ich mit ihm zusammen gewesen war, kam ich ein Stückchen heiler von dem Berg herunter, war ich ein bisschen mehr wie er.

Aus der Bibel geht ganz eindeutig hervor, dass Gott eine enge Beziehung mit seinen Leuten haben will. Als Jesus auf die Erde kam, waren seine Worte, sein Leben und sein Tod eine neue Einladung, auf den Allmächtigen zuzukommen. Er lehrte seine Jünger, zu ihrem ganz persönlichen Vater im Himmel zu beten, so wie er es tat. Er sagte, sie seien nicht mehr seine

Diener, sondern seine Freunde, denn alles, was er vom Vater gelernt hatte, brachte er ihnen bei. In Offenbarung 3, Vers 20 erinnert Jesus die Gemeinde in Laodizäa an diese Einladung: »Ich stehe vor der Tür und klopfe an. Wenn jemand meine Stimme hört und öffnet, werde ich bei ihm einkehren. Ich werde mit ihm essen und er mit mir.«

Wir halten diese Stelle oft für evangelistisch, aber in Wirklichkeit spricht Jesus zu Menschen, die ihm schon nachfolgen. Er lädt sie ein, noch enger mit ihm zusammen zu sein.

Das Wort »essen«, das hier verwendet wird, kommt von dem griechischen Substantiv *deipnon*, das die Hauptmahlzeit eines Tages bezeichnet. Es war das abendliche Mahl, bei dem die Leute sich nach getaner Arbeit zusammensetzten und eine wertvolle Zeit miteinander verbrachten. In der damaligen Kultur ging es bei diesem Mahl nicht nur um das Essen, sondern auch um Gemeinschaft. Es war kein hastiges Essen, sondern eines, bei dem man längere Zeit beisammen saß und diejenigen kennen lernte, mit denen man speiste. Eigentlich sagt Jesus: »Lass mich tiefer in dein Leben hinein. Ich möchte dich besuchen und mit dir essen, ich möchte dir nahe sein. Ich rufe dich nicht, damit du mein Kellner bist und mir dienst, während ich esse. Ich rufe dich, damit du dich mit mir hinsetzt. Lass uns zusammen essen.«

Das ist derselbe Jesus, von dem zwei Kapitel zuvor gesagt wird, er habe ein Feuer in den Augen und ein

Gesicht, das wie die Sonne in all ihrer Helligkeit scheine. So persönlich wie es auch sein mag, dieses Mahl wird nie ein Mahl zwischen zwei Gleichen sein. Wir wissen, dass wir nicht einmal wert sind, die Brotkrumen zu essen, die von seinem Tisch fallen, aber darin liegt gerade die Schönheit der Sache. Die Einladung, die Jesus uns gibt, ist mit Sicherheit das größte Mysterium des Universums. Es wäre sicherlich faszinierend zu wissen, wie die Erde gemacht wurde oder wie weit die sternengefüllten Galaxien reichen, aber dieses eine Mysterium nimmt mich weit mehr gefangen – dass der allmächtige Gott mich einlädt, mit ihm in persönlichen Kontakt zu treten, und dass der Sohn Gottes freiwillig am Kreuz stirbt, um mir das zu ermöglichen.

Persönliche Nähe und Ehrerbietung stehen nicht in Konkurrenz zueinander; im Gegenteil, sie ergänzen sich. In der Bibel heißt es, dass die Freundschaft des Herrn denjenigen vorbehalten ist, die ihn fürchten (vgl. Psalm 25,14). Wenn Ehrfurcht und Vertrauen Hand in Hand gehen – das ist der Punkt, an dem das Mysterium unbegreiflich wird. Wie kann es sein, dass der ewige Gott jemanden wie mich in seine Arme schließt?

Das 1. Kapitel der Offenbarung zeichnet ein starkes Bild von persönlicher Nähe gepaart mit Ehrerbietung. Der Schreiber, Johannes, hat eine beeindruckende Begegnung mit dem Herrn. In Vers 16 wird Jesus als ein Furcht einflößendes Wesen beschrieben, das sieben Sterne in seiner rechten Hand hält. Und doch steht im nächsten Vers, dass Jesus mit dieser Rechten Johannes berührt, ihn tröstet und ihm sagt, dass er keine Angst zu haben brauche. Es ist ein Bild, das Angst macht und doch Vertrauen einflößt. William Barclay fasst es perfekt zusammen: »Die Hand Christi ist so stark, dass er damit den Himmel halten, und so sanft, dass er damit unsere Tränen abwischen kann.«[1]

Die Einheit von Furcht und Freundschaft findet sich auch im Leben Ijobs. Er ist ein interessanter Fall, bei dem man sieht, wie ein Beter etwas von der »Andersartigkeit« Gottes erfährt. In Zeiten des schweren Leidens blickt Ijob zurück auf die Tage, »als Gott mein Freund war und mein Haus bewahrte« (Ijob 29,4). Er hatte die Freundlichkeit des Herrn erfahren. Aber am Ende seiner Qualen lernte Ijob seinen Gott ganz neu kennen. Ein Schleier hob sich von Eigenschaften wie der Größe und Macht Gottes, die Ijob vorher noch nie richtig wahrgenommen hatte. Wie er selbst es formulierte: »Ich kannte dich ja nur vom Hörensagen; jetzt aber hat mein Auge dich geschaut« (Ijob 42,5).

Die Offenbarung Gottes brach mitten in sein Herz hinein. Und er begriff mehr als jemals zuvor, wie wundersam der Allmächtige ist. Uns wird berichtet, dass Gott das spätere Leben Ijobs noch reichlicher segnet als das frühere. Dabei steht vor allem etwas über die Familie und seinen Reichtum in der Bibel, aber es bedeutet ganz sicher auch, dass der persönliche

Kontakt zu Gott wieder vollständig hergestellt war. Ijob war ein Mann, der sowohl die Freundlichkeit des Herrn als auch die Furcht vor ihm überdeutlich kennen lernte. Dadurch wurde er zu einem Mann, den die Offenbarung Gottes verwandelte.

Vor ein paar Jahren war ich in den Buckingham Palast zu einem Empfang eingeladen, den die Queen und Prinz Charles gaben. Nicht, dass ich eine solche Einladung irgendwie verdient hätte, aber einer meiner Freunde wurde gebeten, einige junge Christen vorzuschlagen, und er fand den Gedanken, mich dort hinzuschicken, sehr lustig! Um ehrlich zu sein, ich bin nicht der Typ für solche Veranstaltungen – ich bin eher der Jeans-Typ. Man sieht mich selten mit einer ordentlichen Hose, von einem Anzug ganz zu schweigen. Aber an diesem Tag wusste ich, dass ich mich auf das Treffen mit der Queen etwas besser vorbereiten musste als sonst. Es genügte nicht zu fragen, ob dieses oder jenes T-Shirt noch sauber war und gut roch, wie ich es sonst morgens tue. Ich musste mich anständig vorbereiten, und das hieß eben auch, mich vernünftig anzuziehen.

Um wie viel mehr sollten wir uns in unseren Herzen darauf vorbereiten, wenn wir mit dem allmächtigen Gott zusammentreffen! Ich will damit nicht vorschlagen, dass man sich jeden Sonntag in Schale schmeißen soll (obwohl, wenn es dir gefällt – wunderbar). Aber ich schlage vor, dass wir uns mehr Gedanken darüber machen, wie wir vor den Allmächtigen treten.

Der Schöpfer des Universums hat uns die Tür zur Gemeinschaft mit ihm geöffnet, und wir sollten aufpassen, dass wir das niemals für selbstverständlich nehmen. Wenn diese persönliche Nähe heilsam sein soll, dann dürfen wir nicht vergessen, wem wir uns da nähern. Der Prediger Salomo drückt es im Buch Kohelet perfekt aus: »Überlege, bevor du Gott etwas sagst. Sprich nicht alle Gedanken aus, die dir kommen. Denn Gott ist im Himmel, und du bist auf der Erde; darum rede nicht mehr als nötig« (Kohelet 5,1–2).

Im vorigen Kapitel haben wir über Zeiten gesprochen, in denen wir ein wildes, überschäumendes Herz haben sollten. Aber es gibt auch eine Zeit, in der wir ruhig sein und einfach verstehen sollten, dass Gott Gott ist. Eine Zeit zu reflektieren, wer er ist, und darauf mit den einfachsten Worten und den schlichtesten Liedern zu antworten. Wie der Prediger weiter schreibt: »[…] da fürchte du Gott« (Kohelet 5,6; Einheitsübersetzung).

Mich hat es tief beeindruckt, als ich merkte, wie oft die Leute in der Bibel Gott treffen und auf die Knie gehen. Wir haben schon über den Abschnitt in der Offenbarung des Johannes, Kapitel 1, gesprochen, wo Johannes den verherrlichten Jesus trifft und »wie tot vor seinen Füßen zu Boden« fällt. Drei Kapitel später werfen sich auch die 24 Ältesten vor Gott nieder, um ihn anzubeten. In Psalm 72, Vers 11 kann man lesen: »Huldigen sollen ihm alle Herrscher«, und wir wissen natürlich, dass sich eines Tages jeder vor ihm beugen wird.

Für mich zeigt sich eines der unglaublichsten Bilder von allen im Garten Gethsemane. Als Außenstehender und Nichtfachmann könnte man argumentieren, dass Jesus dort doch am wenigsten Macht besitzt. Viele haben sich gegen ihn verschworen, und er weiß, dass er bald verraten wird. Das Kreuz erwartet ihn in aller Grausamkeit. Er steht dermaßen unter Druck, dass »sein Schweiß wie Blut auf den Boden tropft« (Lukas 22,44). Judas, einige Pharisäer, der Hohepriester und eine Gruppe Soldaten kommen, um ihn festzunehmen. Sie tragen sogar Waffen. Aber dann passiert etwas Unfassbares: Jesus wusste alles, was mit ihm geschehen würde. Er ging hin und fragte sie: »Wen sucht ihr?« – »Jesus von Nazareth«, antworteten sie. [...] Als Jesus sagte: »Ich bin es«, wichen sie zurück und fielen zu Boden (Johannes 18,4–5; eigene Übersetzung).

Das fasziniert mich. Hier, im Garten Gethsemane, ist Jesus müde, besorgt und unbewaffnet. Doch sogar in diesem Moment scheint ein Anzeichen seiner göttlichen Identität durch. Die aggressiven, unnachgiebigen Soldaten, Priester und Pharisäer werden irgendwie gezwungen, auf die Knie zu gehen, wenn auch nur für einen Augenblick. Um wie viel mehr sollten also wir, als nachgiebige Beter, als Menschen, die den gekreuzigten, auferstandenen und aufgefahrenen Jesus anbeten, uns ein freies Stück Boden suchen!

Wenn wir Gott in unseren Lobpreiszeiten wieder etwas mehr Aufmerksamkeit schenken, dann werden

sie auch etwas mehr wie die himmlischen Königskammern aussehen. Die Engel werden genau wie wir
singen. Alle Kreatur preist den Herrn und wir stimmen mit ein. Die 24 Ältesten werfen sich tief nieder.
Könnten wir doch sehen, was sie sehen, und uns beugen, wie sie sich beugen, denn sich zu verbeugen ist
das ultimative körperliche Zeichen der Verehrung.

Die Lebendigkeit der Anbetung ist definitiv eine
andere, wenn wir unseren Blick weg von uns selbst
lenken und uns auf Jesus konzentrieren. Ich befürchte,
wir machen uns viel zu viele Gedanken darüber, wie
wir unseren Lobpreis gestalten oder was wir bereits
erreicht haben. Wie Anthony Bloom einmal sagte: »So
oft, wenn wir sagen ›Ich liebe dich‹, sagen wir es mit
einem großen ›Ich‹ und einem kleinen ›du‹.«[2]

Aber es kommt eine wundervolle, biblische Dyna-
mik in den Lobpreis, wenn wir unsere Augen nicht
auf uns selbst, sondern auf die Schönheit Gottes rich-
ten. William Barclay beschreibt, wie ein Herz, das vom
wundersamen Jesus erobert wurde, diesen anblickt:

> »Es schaut mit verblüffter Faszination; es schaut wie
> zu einem Sieger, einem Retter auf [...] es schaut, wie
> man seine Geliebte in tiefer Bewunderung anschaut
> [...] es schaut auf Gott, denn Gott ist für dieses Herz
> zur alleinigen Wirklichkeit geworden.«[3]

In einem Zeitalter der Unpersönlichkeit, der Respekt-
losigkeit und Anonymität bemerken die unverhüllten

Beter die Andersartigkeit Gottes und bewahren seine Einladung zu einer persönlichen Beziehung als einen Schatz in ihrem Herzen. Gebannt von seiner Herrlichkeit und verwandelt in seiner Gegenwart werden wir immer mehr wie er. Unverhüllte Beter kommen verändert vom Berg herunter. Sie strahlen für alle sichtbar; auf ihren Gesichtern spiegelt sich die Herrlichkeit Gottes wider.

Der unbeirrbare Beter

Man schreibt das Jahr 1744, als der Dichter Charles
Wesley in Leeds in einem Raum in den oberen Stock-
werken mit mehreren anderen Menschen betet. Auf
einmal kommt ein lautes Quietschen aus dem Fußboden, gefolgt von einem unüberhörbaren Krachen, und
der Fußboden stürzt nach unten ein. Alle 100 Leute
fallen direkt durch die Decke in den darunter lie-
genden Raum. Chaos bricht aus – einige schreien,
andere weinen, manche kauern sich nur geschockt
zusammen. Aber als der Staub sich legt, ruft Wesley,
verwundet und halb unter Trümmern begraben:
»Fürchtet euch nicht! Der Herr ist mit uns, er wird
uns retten.« Und dann bricht es aus ihm heraus, er
lobt Gott mit den Worten: »Gepriesen sei der Herr,
von dem aller Segen kommt.« Die Wahl seiner Worte
erscheint seltsam, wenn man darüber nachdenkt, was
gerade passiert ist! Aber genau das ist der Punkt – während alle anderen noch ihre Wunden lecken, reagier-

te das Herz dieses unaufhaltsamen Beters mit unbeirrtem Lobpreis.[1]

Unbeirrte Beter geben nicht klein bei, wenn es darum geht, Gott zu verherrlichen. Konfrontiert mit Anfeindung oder Gefahr, sogar im Angesicht des Todes machen sie einfach immer weiter. In der Bibel wird uns von solchen Betern der frühen Kirche berichtet, die ihr Leiden nicht nur ertrugen, sondern es sogar genossen, »weil Gott sie für wert gehalten hatte, für diesen hohen Namen zu leiden« (Apostelgeschichte 5,41).

Wahre Beter treffen oft auf Anfeindung. Nimm zum Beispiel David. Sein erster Triumph war ein machtvoller Ausdruck des unbeirrbaren Gebets. Ganz Israel fürchtete sich vor dem Riesen Goliath, und keiner hatte den Mut, zur Ehre Gottes gegen ihn anzutreten. Dann trat David auf – zu klein, um in eine Rüstung zu passen, und, wie Saul ihm klarmachte, nur ein kleiner Junge. Doch dieser leidenschaftliche Geliebte Gottes konnte nicht mit ansehen, wie die Heerscharen des lebendigen Gottes zum Narren gehalten werden. Deshalb lief er auf das Schlachtfeld, damit »jedermann erkenne, dass das Volk Israel einen Gott hat, der es beschützt« (1 Samuel 17,46). Goliath musterte ihn und lachte ihn aus (Vers 42), aber mit dem Segen Gottes und angetrieben von der Leidenschaft für ihn siegte David. Der Tag war durch die Anbetung Gottes gerettet.

Das war nicht das einzige Mal, dass David für seine Gebete ausgelacht wurde. Einmal, als David mit all seiner Kraft vor Gott tanzte – was ziemlich peinlich ausgesehen haben muss –, verspottete ihn seine eigene Frau. Für Gott war es ein wundervolles Gebet. Aber in den Augen seiner Frau Michal machte er sich nur lächerlich (vgl. 2 Samuel 6,16). Und sie war nicht die Einzige in Davids Familie, die über seine Leidenschaft für Gott lachte. Schau dir Psalm 69 an:

> »Viele hassen mich ohne jeden Grund, sie sind zahlreicher als die Haare auf meinem Kopf [...]. Weil ich zu dir gehöre, werde ich geschmäht, für dich erleide ich Schimpf und Schande. Meinen Verwandten bin ich fremd geworden, selbst meine Brüder kennen mich nicht mehr. Die Liebe zu deinem Haus verzehrt mich wie ein Feuer. Die Worte, mit denen man dich lästert, treffen mich« (Psalm 69,4.7–9).

Der Riese Goliath war ein offensichtlicher Feind für David und sein Gebet; es war die Art von Anfeindung, die man erwartet, wenn man für die Ehre Gottes auf ein Schlachtfeld zieht. Aber die Anfeindung aus seiner eigenen Familie war eine andere, und ich bin mir sicher, dass Letztere für ihn schwerer zu überwinden war.

Dietrich Bonhoeffer sagte einmal: »Wenn Christus einen Mann ruft, erwartet er von ihm, zu kommen und zu sterben.«[2]

Offensichtlich sprach er nicht vom normalen Tod

– mit Tod meinte er, sein Kreuz auf sich zu nehmen, sich selbst zu verleugnen, Jesus zu folgen. Aber für Bonhoeffer sollten die Worte eine buchstäbliche Bedeutung bekommen. Im Alter von 39 Jahren, wenige Tage vor dem Ende des Krieges, wurde er wegen seines Aufstandes gegen Hitler und die Nazis gehängt. Er ging den letzten Weg aus seiner Zelle mit den Worten: »Das ist das Ende – für mich der Beginn des Lebens.«[3] Sie töteten seinen Körper, aber sein Gebet konnten sie nicht aufhalten.

Unbeirrbare Beter sind mutige Evangelisten, die den Namen Jesu erhöhen, sobald sie dazu Gelegenheit haben. Sie leben die Anbetung außerhalb der Kirchenmauern genauso wie innerhalb. Sie haben abenteuerlustige Herzen und ergreifen jede Möglichkeit, der Welt die Gute Nachricht Gottes zu verkünden. Während der Apostel Paulus genau deshalb in Ketten liegt, beschwört er die Gemeinde in Ephesus:

> »Betet auch für mich, dass ich Gottes Botschaft verkünden und sein Geheimnis ungehindert bekannt machen kann. [...] Betet darum, dass ich sie [die Gute Botschaft] frei und offen verkünden kann, wie es mir aufgetragen ist« (Epheser 6,19–20).

Hier saß ein Mann zum wiederholten Mal im Gefängnis, weil er über Jesus gepredigt hatte. Sein Mut hatte ihn hinter Gitter gebracht, und wenn er etwas Grips gehabt hätte, hätte er doch gesagt: »Betet dafür, dass ich beim nächsten Mal den Mund halte.« Stattdessen betet er für noch mehr Mut! Paulus' Lebensziel war es, den herrlichen Jesus bekannt zu machen. Wenn das für ihn Ärger bedeutete, dann sollte es so sein.

Wenn selbst der Apostel Paulus für mehr Mut beten musste, wie sehr müssten wir dies tun? Ich fand es schon immer einfach, Jesus im Rahmen der Kirche zu preisen, aber sehr schwer, darüber hinaus die Gelegenheit zu finden – und sie zu ergreifen. Um es drastisch auszudrücken: Ich bin manchmal ein absoluter Feigling. Mit 16 trug ich einen Anstecker mit einem Kreuz am Revers meiner Schuluniform. Wenn ich ehrlich bin, dann war ich deshalb wohl ziemlich stolz auf mich. Aber nur so lange, bis ich mich im Fahrradladen um die Ecke für einen Wochenendjob bewarb. Kurz vor dem Vorstellungsgespräch nahm ich den Anstecker ab und versteckte ihn in meiner Tasche, weil ich Angst hatte, er könnte meine Chancen verschlechtern, den Job zu kriegen. Während des Vorstellungsgesprächs wurde mir klar, was ich gerade getan hatte. Ich schämte mich unendlich. Da saß ich mit dem Kreuz in der Tasche und fragte mich, wie mir jemals peinlich sein konnte, was Jesus für mich getan hatte.

Der einzige andere Nebenjob, den ich hatte, war in der Kirche, und natürlich fiel es mir bedeutend leichter, meinen Anstecker mit dem Kreuz bei diesem Vorstellungsgespräch zu tragen! Aber sind nicht viele von uns genauso? Wir halten das Kreuz in der Gemeinde hoch und verstecken es in der Tasche, wenn wir in unser »anderes« Leben gehen. Dieses Erlebnis war für mich eine echte Lehre. Ich sollte genau wie der Apostel Paulus für mehr Mut durch den Heiligen Geist bitten. Wenn ich nicht mal ein Kreuz tragen kann, das auf einen Anstecker gemalt ist, wie um Himmels Willen soll ich ein echtes auf mich nehmen können?

Neulich hörte ich die Geschichte von Rachel Scott, einem jungen Mädchen, das bei einer Tragödie an der Columbine High School ums Leben kam. Es ist eine wunderbare Geschichte über unbeirrbares Gebet. Am 20. April 1999 betraten zwei verbitterte Schüler das Gebäude der Schule in den USA mit Pistolen und Sprengstoff in der Absicht, Amok zu laufen. Ihr Hass richtete sich unter anderem gegen Christen. Als sie auf Rachel Scott trafen, wurde diese Abneigung ziemlich deutlich. Die beiden Killer schossen ihr zweimal in die Beine und einmal in den Oberkörper. Als sie auf dem Boden kriechend versuchte, sich in Sicherheit zu bringen, rissen sie sie an den Haaren hoch und fragten: »Glaubst du an Gott?« Sie dachten, sie hätten gewonnen, in der Erwartung, dass sie ihrem Glauben mit einem winselnden »Nein« abschwören würde. Aber diese blutende unaufhaltsame Beterin bestätigte tapfer: »Ihr wisst, dass ich das tue.« Von der Antwort aufgebracht, schrien sie: »Dann geh zu ihm« und schossen ihr in den Kopf.[4]

Was hat Gott wohl gefühlt, als einer seiner treusten und wertvollsten Beter das eigene Leben zu seiner Ehre aufgab? In einem grausamen Augenblick der Entscheidung wählte sie seine Ehre anstelle ihres eigenen Überlebens. Diese Geschichte bewegt mein Herz jedes Mal, wenn ich sie höre. Und wenn sie uns so sehr beeinflusst, überlege mal, was sie für Jesus bedeuten muss.

Die Geschichte von der Steinigung des Stephanus (Apostelgeschichte 7) wirft etwas mehr Licht auf diese Sache. Er gibt sein Leben auf und predigt die Gute Nachricht von Christus Menschen, deren Herzen verstockt sind und die nicht hören wollen. Er klagt sie wegen ihres religiösen Eifers an. Aber kurz bevor sie ihn zu Tode steinigen, erlaubt Gott Stephanus eine faszinierende, tiefe Offenbarung – vielleicht, um dem ersten Märtyrer zu helfen, bis zum Ende stark zu bleiben. Stephanus wird ein flüchtiger Blick in die himmlische Königskammer erlaubt, wo er Jesus zur Rechten Gottes »stehen« sieht. Das Ungewöhnliche dabei ist, dass Jesus *steht*. Jedes weitere Mal, wenn im Neuen Testament die Rede von Jesus zur Rechten Gottes ist, sitzt er. Warum steht er hier?

Er war wohl nicht der größte Theologe dieser Erde, aber ich liebe die Erklärung von Smith Wigglesworth: Obwohl er normalerweise an der rechten Seite Gottes sitzt, steht Jesus dieses Mal auf, um Stephanus bei dieser edlen Art der Anbetung zu ehren und zu ermutigen. Es scheint, als wolle er sagen: »Schau auf, sieh auf zu mir! Du hast mir heute große Ehre erwiesen und ich werde auf ewig dein übergroßer Lohn sein.

Ich bin aufgestanden, um dich zu ermutigen. Schau auf, sieh auf zu mir, denn dein tapferes Gebet hat meinem Namen Ehre gebracht und mein Herz glücklich gemacht.«[5]

Als Jesus noch hier lebte, zeigte er auch selbst oft Gesten der unbeirrten Hingabe. Das Kreuz ist natürlich die endgültige Verkörperung dessen, aber in der Woche vor seiner Kreuzigung gibt es ein anderes kraftvolles Beispiel. Jesus und seine Jünger beenden gerade das letzte Abendmahl, das sicherlich ein Passahmahl war. In der Tradition des Passahfestes wurden eine Reihe bestimmter Lieder gesungen. An letzter Stelle kam immer Psalm 136, das »große Hallel«.[6] Im Evangelium nach Markus erfahren wir, dass sie zum Ölberg hinausgingen, nachdem sie die Dankpsalmen gesungen hatten (Markus 14,26). Also ist es sehr wahrscheinlich, dass dieses letzte Lied Psalm 136 war. Der Psalm beginnt mit den folgenden Worten:

> »Danket dem Herrn, denn er ist gut zu uns!
> *Seine Liebe hört niemals auf!*
> Danket ihm, dem allerhöchsten Gott!
> *Seine Liebe hört niemals auf!*
> Danket ihm, dem mächtigsten aller Herrn!
> *Seine Liebe hört niemals auf!*
> Er allein tut große Wunder.
> *Seine Liebe hört niemals auf!*
> Mit Geschick hat er den Himmel ausgewölbt.
> *Seine Liebe hört niemals auf!*

Über den Meeren hat er die Erde ausgebreitet.
Seine Liebe hört niemals auf!«
(Verse 1–6).

Der übrige Psalm geht ungefähr genauso weiter und insgesamt steht dort der Satz »Seine Liebe hört niemals auf« 26-mal. Denk mal einen Augenblick darüber nach. Der Verrat durch Judas steht unmittelbar bevor. Die Ereignisse des Gartens Gethsemane warten auf ihn. Der Schatten des Kreuzes fällt bedrohlich auf das Mahl und trotzdem singt Jesus 26 mal: »Seine Liebe hört niemals auf.« Das ist doch unglaublich! Selbst in dieser dunklen, schwarzen Stunde gibt er seine Hingabe zu Gott nicht auf. Sein Verlangen nach Anbetung lässt sich nicht einschüchtern. Lehrt uns das nicht etwas über Lobpreis?

Ein unbeirrbarer Anbeter lässt sich durch nichts daran hindern, Gott zu verherrlichen. Egal, welche »Goliaths« sich ihm in den Weg stellen, die unbeirrbaren Anbeter gehen auf dieses Schlachtfeld des Gebets und nutzen ihre Chancen. Sie ziehen sich in unsicheren Zeiten nicht zurück, sondern stehen mit einem beseelten Psalm von Vertrauen und Verehrung erst recht auf .

Der unscheinbare Beter

Der Dirigent Leonard Bernstein wurde einmal gefragt: »Welches Instrument ist am schwierigsten zu spielen?«

»Die zweite Geige«, antwortete er, »weil jedermann die erste Geige spielen möchte.«

Natürlich spielt die erste Geige interessantere Musik und erhält mehr Aufmerksamkeit. Aber Bernstein erklärte weiter: »Es ist schwer, jemanden zu finden, der die zweite Geige spielen möchte und dabei die gleiche Begeisterung aufbringt. Aber ohne zweite Geige gibt es keine Harmonie.«

Das betrifft auch jeden von uns: So viel von dem, worauf wir im Leben achten, passiert in irgendeiner Weise auf einer Bühne. Die Leute wollen gerne wahrgenommen werden und in unserer Kultur lieben wir die Stars. Manche gehen bis zum Äußersten, um Aufmerksamkeit zu erlangen. Gott aber sieht die Dinge etwas anders. Er guckt sich vielleicht die Show an, aber ihn interessiert viel mehr, was sich hinter der Bühne abspielt. Wir schauen so oft nur auf die äußere Erscheinung, aber Gott sieht uns direkt ins Herz. Wir werden vom offen Sichtbaren vereinnahmt, aber Gott findet das, was im Verborgenen geschieht, viel spannender.

Dafür gibt es ein schönes Beispiel im Lukas-Evangelium, Kapitel 21, Verse 1–4. Jesus sieht zu, wie die Reichen ihre Tempelsteuer entrichten, als ihm eine unscheinbare Beterin ins Auge fällt. Eine arme Witwe tritt ein und gibt ein paar winzige Kupfermünzen in die Kollekte, die in den Augen der Welt fast gar nichts wert sind. Aber Jesus verkündet: »Diese Witwe hat mehr gegeben als alle anderen.«

Das hört sich erst ziemlich lächerlich an, bis wir verstehen, dass Jesus hinter die Münzen schaut, mitten in ihr Herz. Er sieht, dass diese wenigen, fast wertlosen Münzen alles sind, wovon sie lebt. Es ist für sie eine teure Gabe, die sie aber von ganzem Herzen gibt, unscheinbar für alle um sie herum, außer für Jesus, der mit den Augen des Himmels sieht.

Unscheinbaren Betern geht es nicht um Aufmerksamkeit und Anerkennung in dieser Welt – ihre Gaben bringen sie so verborgen wie möglich ein. Aber was sie darbringen und wie sie es darbringen, führt dazu, dass der Himmel umso aufmerksamer ist. Unscheinbar sind sie nur für die Menschen in ihrer Umgebung, für Gottes Herz sind sie nicht unscheinbar. Die meisten Beispiele in diesem Buch waren bislang Gebete, die in die Öffentlichkeit getragen wurden. Aber Gott

schaut zuerst nach dem Gebet im stillen Kämmerlein
– Lobpreis, wenn sonst niemand zusieht.

Das Leben von König David veranschaulicht das
Zusammenspiel des Privaten und des Öffentlichen im
Herzen eines Beters. Es scheint klar zu sein, dass
David Gott von Kindesbeinen an kannte und zweifel-
los eine Menge leidenschaftlicher – und unscheinba-
rer – Gebete sprach, während er allein auf der Weide
stand und seine Schafe hütete. Tatsächlich war er
wohl erst 15 Jahre alt, als Samuel ihn Saul als einen
Mann beschrieb, der Gott »Freude machen wird« (1
Samuel 13,14).

Aber das Leben wird zunehmend komplizierter.
David wird zum bekanntesten Anbeter des ganzen
Landes. Seit dem Vorfall mit Goliath nimmt er immer
wieder am öffentlichen Lobpreis teil. Die Frauen fangen sogar an, Lieder über ihn zu singen: »Tausend
Feinde hat Saul erschlagen, doch zehntausend waren's,
die David erschlug!« (1 Samuel 18,7). Wenige Jahre
später wird David König.

Mitten in all dem Trubel versucht David, sich das
schlichte Herz zu bewahren, das er hatte, bevor sein
Leben sich komplizierte. Auf der einen Seite war es
damals sehr einfach gewesen – er konnte zumindest
seine Motive für das Gebet überprüfen. Jedem Lied,
das er sang, und jedem Gebet, das er sprach, hörte
nur ein Einziger zu – niemand war sonst in den ein-
samen Feldern, um den Ausdruck seiner Liebe zu
Gott zu sehen. Aber dann wird er zu einer Person des

öffentlichen Lebens und von diesem Zeitpunkt an finden seine Gebete in einem offenen Raum statt. Die Frage war folgende: Konnte er sich das einfache, reine und schlichte Herz inmitten der öffentlichen Aufmerksamkeit bewahren?

Und diese Frage gilt für uns alle. Ich schätze, ich rede hier mehr zu den Lobpreisleitern und Musikern als zu irgendjemandem sonst. Der Härtetest für unsere Herzen findet nicht »draußen auf dem Felde« statt, wenn uns niemand zusieht. Der wirklich harte Teil kommt, wenn uns ein Publikum anvertraut wird. Das kann zum Beispiel bedeuten, dass man in der Gemeinde in einer Lobpreisband spielt. Gott fordert uns auf, unsere Beweggründe schonungslos infrage zu stellen. Wollen wir als Beter unscheinbar sein, auch wenn wir auf der Bühne stehen? Oder gibt es eine Stimme in uns, die in Wirklichkeit ein »angesehener Beter« sein will? Macht es uns noch glücklich zu dienen? Oder möchte ein kleiner Teil von uns lieber bedient werden? Sind unsere Lieder immer noch für die Ohren des Einen bestimmt, oder fangen wir an, uns tief im Inneren nur noch nach Applaus zu sehnen? Unangenehme Fragen, wenn man sie sich selbst stellt, aber sie sind unerlässlich, wenn wir dem Ruf Gottes, der einen Plan für unser Leben hat, gerecht werden wollen.

Wenn man ein Boot baut, dann muss der Teil, der sich unter Wasser befindet, genau so viel Wasser verdrängen, wie der Teil über der Oberfläche wiegt.

Andernfalls wird das Boot beim ersten Anzeichen eines starken Windes oder größerer Wellen kentern. Das Gleiche gilt für unsere Herzen. Manche Dinge haben eine beeindruckende Fassade – vielleicht haben wir ein paar coole Gitarrenriffs gelernt oder unsere Stimme hart trainiert, sodass sie stärker und klarer klingt als je zuvor. Aber Gott sorgt sich unendlich mehr um das, was sich unter der »Wasseroberfläche« abspielt. Wie sind wir, wenn uns keiner sehen kann? Wie laut preisen wir in der Gemeinde Gott, wenn wir den Lobpreis nicht leiten – oder, noch deutlicher, wenn ein *anderer* den Lobpreis in einer Art und Weise leitet, die nicht nach unserem Geschmack ist?

Und was geht uns durch den Kopf, wenn *wir* den Lobpreis leiten? Klopfen wir uns für einen kurzen Moment selbst auf die Schulter, wenn die Dinge gut laufen? Ich möchte es noch mal wiederholen: Das sind unangenehme Fragen, aber sie sind unglaublich wichtig, wenn wir die Sache mit dem Lobpreis ernst nehmen wollen. Das Geheimnis besteht darin, das öffentliche Gebet und das private im Gleichgewicht zu halten. Denn, wie der ältere John Wimber es gelehrt hat: Die eigentliche Aufgabe dieser Tage wird es nicht sein, neue und gute Lobpreissongs zu schreiben und zu produzieren; die eigentliche Aufgabe wird darin bestehen, wie wir sie darbringen.

Einer der Trends in der Lobpreisszene, der mich zunehmend beunruhigt, ist diese ganze Show-Sache. Es wird seit Jahren immer schlimmer. Irgendwie sind wir an einem Punkt angekommen, an dem wir sogar unseren Lobpreis einen »Gig« oder ein »Konzert« nennen. Die Gefahr liegt darin, dass uns solche Worte das Gefühl dafür nehmen, was Lobpreis ursprünglich sein sollte. Ich habe schon zu viele Treffen erlebt, bei denen ich mich danach sehnte, mit Gott zusammenzukommen, und gleichzeitig Schwierigkeiten hatte, mich nicht von der eindrucksvollen, aber eben unglaublich einnehmenden Show auf der Bühne gefangen nehmen zu lassen. Einige mögen jetzt sagen, dass auch eine gute Darbietung Lobpreis sein kann, und damit haben sie Recht. Auf eine Art kann alles Lobpreis sein, wenn ein aufrechtes Herz dahintersteht. Aber eine durchdachte Darbietung ist nicht unbedingt eine gute Art, Lobpreis zu leiten. Ein Lobpreisleiter sollte so unscheinbar wie überhaupt nur möglich sein und die anderen in ihrem Gebet als Vorbild ermutigen, dem sie folgen können. Aber Aufmerksamkeit auf sich selbst zu lenken in Augenblicken, die eigentlich heilig sein sollten, das ist ein ziemlich unbiblischer Zugang. Tatsächlich ist es möglicherweise sogar ein gefährlicher.

Anbetung ist das Gegenteil von Stolz. Stolz sagt: »Schaut mich an!«, aber Anbetung sehnt sich danach, Jesus zu sehen. In den himmlischen Königskammern ist kein Platz für Angeber. Stell dir mal das folgende Bild vor: Wir stehen in der herrlichen Gegenwart des allmächtigen Gottes; die Ältesten beugen sich, so tief sie können, die Seraphim bedecken ihre Gesichter.

Aber da ist ein Typ – genau in der Mitte der ganzen Geschichte –, der zeigt, was er drauf hat. Ein cooler Tanzschritt, ein schwer zu treffender Ton und dazu die nötige Portion geheuchelter Gefühle. Lächerlich? Natürlich. Ich habe etwas übertrieben, um den Punkt klarzumachen, aber ich hoffe, er ist es jetzt. Es wäre kein Fehler, all das, was wir beim Lobpreis tun, durch diese Brille zu betrachten. Die Wahrheit ist, dass sich in der Königskammer des allmächtigen Gottes jeder so tief beugt, wie es nur geht.

Im 18. Jahrhundert formulierte ein Franzose namens François Fenelon einen guten Rat für jeden Lobpreisleiter: »Mach dich klein in der Tiefe deines Herzens.« Wenn wir das ehrlich tun, werden sich unsere Handlungen und Haltungen entsprechend positiv ändern. Wenn wir sicherstellen, dass wir uns in unseren Herzen tief beugen, steigen die Chancen, dass auch die Art und Weise, wie wir den Lobpreis nach außen hin leiten, angemessen ist. Im Buch der Sprüche Salomos, Kapitel 25, Vers 6 ist diese Wahrheit zusammengefasst: »Tritt am Hof des Königs bescheiden auf und halte dich nicht für die Hauptperson.«

Ich glaube, Gott hat mir vor einiger Zeit auf einem Gebetstreffen von Lobpreisleitern ein Bild gegeben, um die Verantwortung zu verdeutlichen, die uns gegeben ist. Ich sah einen jungen Mann auf einer Reise. Ihm war der schönste Diamant anvertraut, den man sich nur vorstellen kann. Aber das war nicht sein eigener Schatz – er befand sich auf einer Mission und sollte den Diamanten seinem König bringen. Er war so wertvoll, dass er ihn gut versteckte, während er seines Weges ging. Ab und zu machte er in einer Stadt oder einem Dorf Halt. Und in diesem Moment begann die Versuchung. Es wäre nicht schwer, mit seinem Schatz ein bisschen anzugeben und die Leute staunen zu lassen, was für ein wunderbares Ding ihm anvertraut worden war. Das würde ihm mit Sicherheit Ruhm und Ehre einbringen. Er könnte den Diamanten später immer noch zum König bringen, aber auf dem Weg dahin vielleicht etwas Spaß haben. Eine andere Versuchung bestand darin, sich in der Stadt sogar niederzulassen, sich in der plötzlichen Beliebtheit zu sonnen und die Mission ganz aufzugeben. Er könnte den Schatz sogar verkaufen. Wenn er das täte, bräuchte er nie wieder zu arbeiten.

Jedes Mal, wenn er unter Leuten war, schien die Verlockung stärker zu werden. Doch er blieb treu, widerstand all den Versuchungen und erreichte schließlich den Palast des Königs. Als er den Thronraum betrat, den Schatz unversehrt in seiner Hand, sah er auf und erblickte den König. Aber mehr noch, er sah die Freude des Königs; sie stand ihm mitten ins Gesicht geschrieben.

Lobpreisleiter, wir befinden uns auf einer geheiligten Reise. Die Fracht ist wertvoll, die Mission lebenswichtig. Wenn wir durch diese ganze Lobpreis-Geschichte wirklich die Freude unseres Königs sehen wollen, dann gibt es da ein paar schmale Pfade, die wir nicht verpassen dürfen. Hin und wieder kann es verlockender erscheinen, Gefallen bei den Menschen zu finden. Viele von euch sind hoch begabt und könnten mit Leichtigkeit andere tief beeindrucken. Wenn du es tatsächlich wolltest, könntest du eine Menge Aufmerksamkeit nur auf dich lenken. Aber die Herausforderung besteht darin, dem Eigentlichen treu zu bleiben. Behalte immer das Ziel deiner Reise im Auge: die Freude des Königs über dich, wenn du ihm den Schatz ursprünglich und rein darbringst, ihm allein.

Man könnte sagen, dass unsere heutige Zeit für die Lobpreisleitung von entscheidender Bedeutung ist. Wenn die Dinge spannend werden, kann es hart sein, die ursprüngliche Reinheit zu bewahren. Neulich fiel mir ein Liederheft mit dem Titel »Die 40 mächtigsten Lobpreislieder« in die Hände. Ein erschreckendes Zeichen der Zeit. Wer hat den Autoren das gesagt? War es Gott? Wie nett von ihm, seine 40 Lieblingslieder zu verraten, damit ein Buch gewinnbringend vermarktet werden kann! Ich sage das hier mit aller Deutlichkeit, obwohl, um ehrlich zu sein, dieselbe Firma auch eine Reihe wunderbarer anderer Dinge herausgebracht hat, sodass ich nicht mit dem Finger auf sie zeigen will. Aber es ist mir eine Warnung. Wir müssen alles prüfen, was wir tun – woran unser Herz hängt, wie wir den Lobpreis leiten, alles, was wir unter dem Titel »Lobpreis« tun. Immer wieder.

Es ist eine Zeit der Wachsamkeit – uns ist viel

anvertraut. Unser Lobpreis muss dem Vater Freude bereiten, sich um den Sohn drehen und vom Heiligen Geist geleitet werden, nicht vom Fleisch.

Der ungeteilte Beter

In einer Welt voller Ablenkungen ist die Aufgabe eines ungeteilten Beters leicht bestimmt – stets auf Jesus zu blicken. Leicht zu bestimmen vielleicht, aber in der Praxis sieht es nicht ganz so einfach aus. Unsere Herzen werden in so viele verschiedene Richtungen gezerrt. Hinter jeder Straßenecke verbergen sich neue Ablenkungen, die um unsere Aufmerksamkeit kämpfen – so viele Dinge, die unsere Zeit und unsere Energie vom liebenden Gott ablenken würden. Der Psalmist ruft: »Gib mir ein ungeteiltes Herz« (Psalm 86,11; eigene Übersetzung).

Diese fünf Wörter könnten die wichtigsten Worte sein, die wir jemals beten. Tag für Tag werden wir mit Verlockungen konfrontiert, die Straße der Heiligkeit zu verlassen und auf anderen Wegen zu gehen. Aber mit einem Herzen, das ganz von Jesus eingenommen ist, sieht man die Versuchungen als das, was sie sind: leere und bedeutungslose Sackgassen.

Das Beispiel, das Jesus uns gegeben hat, kann eine große Inspiration sein. Vom Anfang bis zum Ende der Geschichte von Jesus wird von einem Mann erzählt, dessen Herz ungeteilt und der dem Vater und seinem Willen vollkommen ergeben war. Der Sohn Gottes ging den Weg ans Kreuz und widerstand allem und jedem, der ihn von diesem Weg abbringen wollte.

Als Jesus seinen Jüngern erklärte, was für ein Leiden auf ihn zukommen sollte, versuchte Petrus, ihn abzuhalten: »Herr, das darf nicht sein, so etwas darf dir nie zustoßen!«

Jesus wies ihn zurück, denn er sah den Teufel hinter den gut gemeinten Worten. Im Garten Gethsemane vermasselte Petrus die Sache noch mal. Fest entschlossen, Jesus gegen den Mob zu verteidigen, der ihn gefangen nehmen wollte, nahm er ein Schwert und schlug das Ohr eines Dieners des Hohenpriesters ab. Aber wieder ließ sich Jesus dadurch nicht von seinem Weg ans Kreuz abbringen: »Steck dein Schwert weg! Diesen Leidenskelch hat mein Vater für mich bestimmt. Muss ich ihn dann nicht trinken?« (Johannes 18,11).

Und um noch eins draufzusetzen, berührte er das Ohr des Mannes und heilte ihn. Obwohl ihm die Erwartung des Kreuzes ins Gesicht geschrieben stand, ließ er sich durch nichts einschüchtern. In seinem Auftrag – seinen Vater zu erfreuen und dessen Werk zu vollbringen – hatte er ein reines, ungeteiltes Herz.

Als er einmal über die Händler und Geldwechsler im Haus seines Vaters verärgert war, explodierte Jesus geradezu vor Hingabe. Als er Tische umwarf und sogar ein paar Händler mit einer Peitsche vertrieb, war er eine Furcht erregende Mischung aus Leidenschaft und Zorn (Markus 11,15–17; Johannes 2,13–17). Auf den ersten Blick scheint es sich um eine klare Überreaktion zu handeln. War ihm der Druck letztendlich doch zu groß geworden? Hatte der Sündlose auf einmal seine Selbstbeherrschung verloren? Wo war der ruhige und sanfte Jesus, von dem man uns erzählt hat? Aber dann begreifen wir die gerechten Gründe für seinen Zornesausbruch.

Im Tempel musste jeder jüdische Mann eine Steuer entrichten; aber man konnte sie nur mit einer bestimmte Sorte von Münzen bezahlen. Jeder Reisende hatte jedoch die Möglichkeit, bei einem Geldwechsler seine Münzen in die richtige Tempelwährung umzutauschen. Zunächst sieht das wie ein netter Service von freundlichen Menschen aus, aber in Wirklichkeit war es ein unfaires Geschäft, und die angereisten Menschen mussten einen viel zu hohen Kurs bezahlen. Ein Historiker vermutet, dass die Gebühr für einen Geldwechsel einen halben Tageslohn betragen haben soll.[1] In den Augen Jesu war dieses Verhalten mehr als nur ungerecht – es hinderte die Leute am Beten.

Mit den Händlern verhielt sich die Sache ähnlich. Viele Besucher des Tempels wollten Gott Opfergaben darbringen, normalerweise eine Ringel- oder weiße Taube. Die konnte man überall kaufen, aber wenn man sie von außerhalb des Tempels mitbrachte, kam man an einem Inspekteur vorbei, der die Qualität des Opfertieres untersuchte. Dafür wurde natürlich eine Gebühr fällig, und in der Regel stellte man sicher, dass man irgendeinen Fehler fand. Dann musste der Reisende ein bereits »vorgeprüftes« Tier im Tempelinneren kaufen. Zu allem Überfluss verlangten die Tempelhändler für ihre Tauben oder Möwen völlig überzogene Preise.[2] Also ging es auch hier darum, Geld auf Kosten anderer zu verdienen. Diese Praxis hinderte viele Menschen am Gebet im Tempel, besonders die Menschen, die sich den Kauf nicht leisten konnten.

Aufgebracht von der Verdrehung der durch Gott gegebenen Richtlinien für den Umgang mit Geld, antwortet Jesus mit geradezu gewalttätiger Hingabe. Diese »Räuberhöhle« sollte eine Stätte sein, an der »alle Völker zu Gott beten können« (Markus 11,17). Das Haus seines Vaters war ein mit Geiz und Geldgier verseuchter Marktplatz geworden.

Jesus ist der Stifter unseres Glaubens und echte, ungeteilte Anbeter folgen seinem Beispiel. Nichts kann sie von ihrem obersten Ziel abbringen, hindern oder entfernen: Gott zu erfreuen und ihm Ehre zu bringen. Sich selbst zu sterben und für ihn zu leben. Und so werden sie furchtlos einstimmen in das Gebet von Charles Wesley:

> *»Lass die Erde nicht mein Herze fangen,*
> *Mit Christus will ich am Kreuze hangen.«*

In vielerlei Hinsicht beinhaltet Anbetung sowohl »Defensive« als auch »Offensive«. Schaut man sich das Beispiel an, zeigt Jesus beide Arten der Anbetung. Auf dem Weg zum Kreuz verteidigt er sein Herz gegen alle, die ihn von dem selbst gewählten Pfad der Verherrlichung herunterzerren wollen. Er hat das reinste Herz und weist jeden Versuch ab, seinen Auftrag zu verwässern. Von der Herrlichkeit Gottes ganz eingenommen, läuft Jesus ohne abzuweichen auf der für ihn bestimmten Straße weiter und verteidigt den Willen seines Vaters gegen jede Anfechtung.

In den Vorhöfen des Tempels ist Jesus eher in der Stimmung anzugreifen. Er verwüstet die Stände der Händler, sucht nach Ungerechtigkeit und merzt sie aus. Nichts darf einen Menschen daran hindern, den Vater anzubeten.

Als ungeteilte Beter sind wir genau dazu aufgerufen. Wir sollten unsere unbefleckten Herzen gegen alles verteidigen, was uns von dem Pfad des reinen Lobpreises wegführen will. Aber wir müssen uns auch etwas Angriffslust bewahren, um für die Ehre Gottes zu kämpfen, wo immer sich uns dazu die passende Gelegenheit bietet. Manchmal kann das sogar bedeuten, dass man Gewalt anwenden muss (wie Jesus im Tempel), um ihn zu erhöhen. Manchmal hat etwas Einfaches, das man aus Mitgefühl tut, die gleiche Deutlichkeit. Im Brief des Jakobus, Kapitel 1, Vers 27, findet sich ein Beispiel, wie die beiden Formen der Anbetung – »Angriff« und »Verteidigung« – zusammenwirken: »Man ehrt Gott, den Vater, auf die rechte Weise, wenn man den Waisen und Witwen in ihrer Not beisteht und sich nicht an dem ungerechten Treiben dieser Welt beteiligt.«

Im ersten Teil des Verses versucht Jakobus, unsere Angriffslust zu wecken, und lädt uns ein, unsere Gebete laut nach außen zu tragen. Er fordert uns auf, zu den Gebrochenen und Verstoßenen zu gehen und Gottes Herz an diesem Ort Freude zu bereiten. Aber beachte auch, dass er ebenfalls über Verteidigung und Abwehr spricht: unsere Herzen vor dem ungerechten Treiben dieser Welt zu schützen.

Oft sind diese Anfechtungen, die uns vom echten Lobpreis abhalten, leicht zu erkennen und man sieht sie schon von weitem. Aber sie können auch subtiler sein, sich leise an uns heranschleichen, sodass wir nicht einmal merken, wenn sie anfangen, uns zu lenken. Für mich ist eines dieser großen Probleme das »Keine-Zeit-Syndrom«. Egal, wie oft ich diese Lektion lerne, ich tappe doch immer wieder in dieselbe Falle: dass ich mich viel zu lange um die Vorbereitungen kümmere, so wie Martha es getan hat. Und am Ende schaffe ich es nicht mehr, zum besseren Teil zu kommen: zu Jesu Füßen zu sitzen und ihm zuzuhören, wie Maria es tat (Lukas 10,38–42).

Manchmal sind die Dinge, die uns von den Füßen Jesu wegzerren, an sich gute Dinge. Ich kann euch einige Dinge verraten, die mir die Zeit rauben: große Anbetungstreffen, neue Songs schreiben, die Lob-

preisteams organisieren. Überrascht? Es klingt iro-
nisch, aber wenn wir nicht vorsichtig sind, dann halten uns selbst diese Dinge von unserem Lobpreis
ab oder werden zum bedeutungslosen Ersatz für das
Echte. Natürlich ist es in Ordnung, hart zu arbeiten
– die Bibel lässt daran keinen Zweifel –, aber es muss
auch irgendwann Schluss sein.

Seit meiner frühesten Jugend bin ich immer in die
eine oder andere Form christlicher Leiterschaft hin-
eingewachsen. Ich begann, einen Hauskreis zu leiten,
während der Gottesdienste Texte vorzutragen und
in der Lobpreisband zu spielen. Mit der Zeit über-
nahm ich auch mehr Verantwortung. Wir bauten ein
neues Gemeindezentrum; ich begann vollzeitlich als
Lobpreisleiter zu arbeiten; wir fingen an, zu Treffen im
Land herumzureisen. Ein paar Jahre später versuchte
ich herauszufinden, woran mein Herz eigentlich hing.
Ich war müde, ausgebrannt; aber mehr als alles andere
war ich ausgetrocknet. Ich fand zwei Zeilen in einem
Gedicht von William Cowper (»Oh, for a closer walk
with God«), die meine Situation gut beschrieben:

> »Wo ist der Segen, der mir kam, als ich den Herren
> erstmals sah?
> Wo bleibt das Herzerquicken, das sein Wort und Er mir
> immer warn?«

In einem gewissen Sinne ist das immer noch mein
tiefster Herzenswunsch. Ich bin als Christ in vielen

Bereichen meines Lebens gewachsen, und ich hoffe, dass mein Glaube langsam gereift ist. Aber ich weiß auch, dass mir einiges verloren gegangen ist. Da war früher diese Einfachheit in meinen Gebeten – die schlichte, unkomplizierte Hingabe eines staunenden Herzens. Manchmal versuche ich, die Sache rational anzupacken. Ich rede mir ein, dass es nie wieder so sein kann, wie es war, als ich noch ein sorgenfreier Teenager war, der unbegrenzt viel Zeit hatte. Die Dinge sind heutzutage etwas komplizierter. Ich trage viel Verantwortung und habe einen anstrengenden und zeitraubenden Beruf. Wenn ich so argumentiere, kann alles ganz logisch aussehen. Es ist einfach nicht mehr möglich, auf die gleiche Weise mit Gott zusammen zu sein wie damals. Oder etwa doch? Je mehr ich darüber nachdenke, desto deutlicher merke ich, dass ich einer Lüge des Teufels aufsitze.

Ich bin davon überzeugt, dass es möglich ist, hart an den Aufgaben zu arbeiten, die Gott uns gestellt hat, und sich gleichzeitig eine lebendige, enge Herzensbeziehung mit ihm zu bewahren. Jesus gelang dies. Der Schlüssel besteht darin, das Gleichgewicht zwischen den Zeiten der harten Arbeit und Zeiten der ungeteilten Hingabe zu finden – Zeiten der Stille, in denen wir erfahren, dass Gott Gott ist; Zeiten der Ruhe, wenn alles andere in den Hintergrund tritt, während wir zu den Füßen unseres Meisters sitzen und ihm zuhören. Wie Richard Foster uns deutlich macht, hat Gott Interesse »zuerst am Gebet, dann am

Dienst«.[3] Interessanterweise stelle ich fest, dass ich Gott auch in meinem alltäglichen Leben stärker wahrnehme, wenn ich regelmäßig »stille Zeiten« halte, um mit ihm zusammenzukommen.

Wenn irgendetwas in meinem Leben meine Beziehung zu Gott grundlegend behindert, dann muss ich dafür auch in gewissem Maß die Verantwortung übernehmen und etwas ändern. Es kommt eine Zeit, wenn das kein anderer für mich tun kann. In Anlehnung an das alte Gebet »Reinige mein Herz« habe ich neulich ein neues gebetet: »Vereinfache mein Leben!« Es scheint eine deutliche Verbindung zwischen diesen beiden Gebeten zu geben. Ich bitte Gott darum, mir unnötigen Ballast abzunehmen – und zwar alles, was mich auf meiner geistlichen Reise mit ihm immer wieder herunterzieht.

Aber nicht nur der Weg jedes Einzelnen mit Gott kann durch solche Blockaden behindert werden. Auch wenn wir uns als Gemeinde versammeln, können wir leicht aus der Bahn geworfen werden. Vor einigen Jahren merkten wir in unserer Gemeinde, dass manche der Dinge, von denen wir dachten, sie würden uns helfen, in Wirklichkeit den Lobpreis behinderten. Sie nahmen uns den Sinn dafür, was es eigentlich heißt, Gott zu preisen.

Wir hatten in unseren Treffen immer viel Zeit dafür eingeplant, Gott mit Musik zu preisen. Aber uns begann zu dämmern, dass wir etwas verloren hatten. Das Feuer, das sonst immer charakteristisch für unseren Lobpreis gewesen war, glühte nur noch schwach. Von außen betrachtet sah alles perfekt aus. Wir hatten wunderbare Musiker und eine Menge teures und gutes Equipment. Wir schrieben nach und nach auch immer mehr neue Lieder. Aber irgendwie hatten wir angefangen, uns zu sehr auf diese Dinge zu verlassen, und deshalb waren sie zu Hindernissen geworden. Während wir früher einfach frei waren und anfingen, Gott zu loben, mussten wir jetzt vorher kontrollieren, ob sich alle Bandmitglieder warmgespielt hatten, wie gut die Technik die Instrumente eingepegelt hatte oder ob wir die richtigen Songs für unsere Stimmung ausgesucht hatten.

Mike, unser Pastor, beschloss deshalb, einen drastischen Schritt zu gehen: Wir sollten eine gewisse Zeit lang alles Überflüssige weglassen, um zu sehen, wie es um unsere Herzen stand. Als wir am darauf folgenden Sonntag in die Kirche kamen, war keine Tontechnik aufgebaut und es gab keine Band, die uns begleiten konnte. Dieser neue Ansatz war simpel – wir konnten uns nicht mehr so stark auf diese Äußerlichkeiten verlassen. Mike sagte dann: »Wenn du sonntags durch die Türen der Kirche trittst, was hast du Gott dann vorzuweisen? Welches Opfer willst du heute bringen?«

Wenn ich ehrlich bin, dann fand ich diese Idee am Anfang ziemlich ätzend. Ich war doch da, um Lobpreis zu machen! Aber als Gott mein Herz beruhigte, begann ich auch, seine Weisheit hinter all dem zu erkennen. Zunächst waren unsere Treffen fürchterlich: Es gab lange Pausen ohne Musik zwischen den einzelnen Liedern, es wurde nicht mehr so viel mitgesungen. Aber wir fingen schnell an zu lernen, wie man mit Gott in ehrlichen Kontakt treten kann ohne die Äußerlichkeiten, an die wir uns gewöhnt hatten. Indem wir alles Überflüssige wegließen, kamen wir langsam wieder zurück zum Ursprung der Anbetung.

Nach einer gewissen Zeit kamen die Band und die Tontechnik auch wieder hinzu, aber jetzt war alles anders. Unsere Herzen sangen jetzt die gleichen Lieder wie unsere Lippen. Nach dieser Erfahrung dachte ich ein bisschen darüber nach, wo wir als Kirche gelandet waren, und schrieb folgenden Song:

> »*Die Musik verhallt,*
> *Alles ist ganz still.*
> *Ich bin einfach da.*
> *Was kann ich tun?*
> *Wertvoll soll es sein, dass sich dein Herz freut.*
>
> *Ich bring dir mehr als ein Lied,*
> *Denn ein Lied nur an sich*
> *Ist nicht, wonach du dich sehnst.*
> *Du suchst viel tiefer in mir,*
> *durch den äußeren Schein siehst du mitten ins Herz.*«

Im Refrain habe ich versucht zusammenzufassen, wo wir uns in Sachen Lobpreis befanden:

»Ich kehr zurück zu dem Herz der Anbetung,
Es geht nur um dich, nur um dich, Jesus.
Es tut mir Leid, was ich daraus gemacht habe,
Es geht nur um dich, nur um dich, Jesus.«[4]

Tozer sprach einmal von einem Ort, an dem wir »so hoffnungslos und vollkommen in Gott verliebt sind, dass der Gedanke, irgendetwas anderes zu tun, als uns um ihn zu drehen, nicht mal ansatzweise existiert«. Und das ist letztendlich das eigentliche Zeichen für einen ungeteilten Beter. Er führt ein Leben, das sich ganz einfach »nur noch um Jesus dreht«.

Der hungrige Beter

»Seitdem ich dich im Herzen habe,
Ist meine Seele ruhig.
Doch weil ich nur verschwommen sehe,
Such ich nach mehr von dir.«[1]

Als Leute, die Jesus Christus anbeten, leben wir in einer Spannung zwischen dem »Jetzt« und dem »Noch-nicht«. An dem Tag, an dem wir Christus in unser Leben aufgenommen haben, haben unsere Seelen ihren Bestimmungsort und den Grund ihres Seins gefunden. Die Wirklichkeit seiner Liebe und seiner Gegenwart nahm unsere Herzen ein und brachte uns Erfüllung. Die Bibel offenbart an zahlreichen Stellen einen Gott, der unser Verlangen mit seinen Gaben stillt (vgl. Psalm 103,5).

Aber das ist noch nicht die ganze Geschichte. Wir sind auch hungrige Beter – Leute, die noch nicht alles sehen. Diesseits des Himmels werden wir immer eine

Art »heiliger Unzufriedenheit« spüren: Als Gläubige warten wir »sehnsüchtig darauf, dass Gott uns als seine Kinder bei sich aufnimmt und uns vom Fluch der Vergänglichkeit befreit« (Römer 8,23).

Auch Eugene Peterson schrieb: »Lobpreis stillt nicht unser Verlangen nach Gott – er weckt unseren Appetit.«[2] Je mehr wir von Jesus sehen, desto deutlicher spüren wir, dass da noch viel mehr zu sehen ist. Je mehr er uns berührt, desto klarer wird uns unser Bedürfnis, ihn in jeden Bereich unseres Lebens einzulassen. Im Lobpreis kommen in uns oft genauso viele Fragen wie Antworten. Jeder flüchtige Blick auf Jesus, so wundervoll er auch sein mag, ist nur ein Tropfen im Ozean. Und je mehr Blicke wir auf ihn werfen, desto besser verstehen wir, wie unendlich weit dieser Ozean ist. Wir sind Menschen, die sich danach sehnen, »ihn immer mehr zu finden«; Herzen voller Verehrung auf einer harten Reise, die sich mehr als alles andere lohnt. Eines Tages werden wir endgültig am Ziel ankommen, aber bis dahin ist jeder Schritt auf diesem Weg mit Gott nur ein schaler Vorgeschmack auf das herrliche Reich, das uns erwartet.

Manchmal ist es ermutigend zu sehen, wie weit wir auf diesem Weg bereits gekommen sind. An ein Flussufer zeichnen die Menschen oftmals Markierungen der Wasserstände – Erinnerungen an die Hochwasser, die ein Ort erlebt hat. Entsprechend sollten auch wir uns unsere geistlichen Höhen und Tiefen vergegenwärtigen. Wenn ich zurückschaue, dann erkenne ich Markierungen der Güte Gottes in meinem ganzen Leben. Je weiter ich zurückschaue, desto klarer wird mir, wie sehr er mein Herz geformt und geheilt hat.

Ich war schon immer der Ansicht, dass das Schreiben von Liedern eine gute Methode ist, um meinen Weg mit Gott zu dokumentieren. Wenn ich dann über diese Lieder oder Gedichte nachdenke, helfen sie mir, den Weg meiner Beziehung mit ihm nachzuzeichnen. Neulich schrieb ich ein Lied mit dem Titel »The Father's Song«[3]. Auf der Grundlage von Zefanja 3, Vers 17 erzählt es von dem machtvollen, Leben verändernden Lied, das Gott seinem Volk zusingt:

»Nach allem, was ich schon gehört,
Nach allem, was man mir je sagte,
Nach alledem kenn ich die Stimme gut.
Mein Vater sagt, dass er mich liebt.
Mein Vater sagt, er liebt mich immer und immer mehr.
Das schreib ich mir ins Herz.

Der Himmel singt sein schönstes Lied.
Die ganze Schöpfung singt es mit.
So klingt Gottes Lied für mich,
Des Vaters Lied.
Der Himmel stimmt voll Freude ein.
Ich steh vor Gott jetzt ganz allein.
Mit liebevoller Stimme klingt des Vaters Lied.«

Diese Verse des Propheten Zefanja haben mich schon immer berührt. Es ist ein unglaublicher Gedanke – dass Gott, der Allmächtige, vor Freude über mich singen könnte. Doch eines Abends, als ich mit meiner Gitarre dasaß, erfasste es mich mehr als jemals zuvor. Mein Leben hat an allen Ecken und Enden mit Musik zu tun, aber in jener Nacht verstand ich, dass das wichtigste Lied für mein Leben das sein würde, das der himmlische Vater mir zusingt.

Kurz nachdem ich dieses Lied geschrieben hatte, fand ich ein Gedicht, das ich mit 15 Jahren verfasst hatte. Es klang völlig anders:

»Auf Grund gewisser Umstände
und einem Gefühl tief in mir
Habe ich mich bislang
nach der Liebe eines Vaters verzehrt.
Eigentlich ist es ja egal,
aber in mir ist immer noch ein Durst,
Der ruft: ›Ich will zu Papa‹,
wie ein verletztes, kleines Kind.

Auf Grund verschiedener Probleme
und um die Lage in den Griff zu kriegen,
Bin ich bislang vor der Liebe eines Vaters geflohen.
Und mir scheint sie gar nicht so rein,
und ich würde mir auch nicht so sicher sein,
Ob ich will, dass diese Liebe
mich überhaupt sucht und mich erreicht.

Eigentlich ist es ja egal,
aber in mir ist immer noch ein Durst,
Der ruft: ›Ich will zu Papa‹,
wie ein verletztes, kleines Kind.«

Wenn ich diese beiden Gedichte nebeneinander betrachte, dann fällt es mir wie Schuppen von den Augen. Ich merke dann, wie weit mich Gott auf dem Weg zur Heilung schon gebracht hat. Es ist jetzt leicht, den Schmerz zu vergessen, den ich nach meiner vaterlosen Jugend mit mir herumtrug. Die verletzenden Stimmen, die so laut in meinem Kopf herumschwirrten, werden jetzt von einem anderen Geräusch übertönt: vom Lied des Vaters. Wenn ich diese beiden Markierungen meines (geistlichen) Lebens vergleiche, dann bin ich überwältigt davon, wie zärtlich Gottes Hand in meinem Leben gewirkt hat.

Damit will ich nicht sagen, dass ich jetzt eine vollkommene Persönlichkeit bin – ganz im Gegenteil. Ich habe ein unvollendetes Herz. Dann und wann spüre ich noch die schmerzhaften Stiche der Vergangenheit. Diesseits des Himmels werde ich von ihnen nie frei sein. Ich werde ein hungriger Beter bleiben, der sich nach Ganzheit sehnt, voller Hoffnung und Dankbarkeit.

Es gibt noch einen anderen Grund, warum wir in diesem Leben immer hungrige Beter bleiben werden. Wir fangen an, die Welt durch die Augen des Himmels zu betrachten. Je mehr wir von der Perfektion Gottes sehen, desto stärker drängt sich die Unvollkommenheit der Welt um uns herum auf. Echte Beter sehen nach draußen – sehen die Welt, in der sie leben, und sehnen sich danach, etwas an der Ungerechtigkeit, Armut und dem Schmerz zu ändern, die sie umgeben. Jemand, der Jesus anbetet, kann vor diesen Dingen seine Augen nicht verschließen. Jürgen Moltmann erklärt es folgendermaßen:

> *»Glaube, wo immer er sich zur Hoffnung entwickelt, macht nicht ruhig, sondern unruhig [...]. Er beruhigt nicht das unstete Herz, sondern zeigt sich gerade in diesem unruhigen Herzen. Diejenigen, deren Hoffnung in Christus liegt, können die Wirklichkeit nicht akzeptieren, wie sie ist, sondern fangen an, unter ihr zu leiden, gegen sie aufzustehen. Frieden mit Gott bedeutet Streit mit der Welt.«*[4]

Es gibt diese heilige, manchmal schmerzhafte Unzufriedenheit, die sich in das Herz eines hungrigen Beters frisst. Alles in uns weiß, »es sollte eigentlich nicht so sein«.[5] Wir werden zu Fürbittern – zu Menschen, die die Lücken wahrnehmen und sich danach sehnen, sie auszufüllen. Auch Gott sehnt sich danach, das wiederherzustellen, was kaputt ist, und seine Liebe und Gerechtigkeit die Völker heilen zu sehen. Aber wenn wir in unserem Lobpreis wirklich aufrichtig sein wollen, dann müssen diesem Verlangen irgendwann auch Taten folgen: unser Brot mit den Hungernden

zu teilen, die Nackten zu kleiden, sich den notleiden-
den zuzuwenden (Jesaja 58,7.10). Wir können nicht
zu Gott beten und dann am Elend vorbeilaufen und
die Realität dieser zerbrochenen Welt ignorieren. Gott
sehnt sich danach, uns an jenen Ort zu führen, an
dem wir das Leid seines Herzens so sehr mitfühlen,
dass es für uns schlicht keine Alternative mehr dar-
stellt, nichts zu tun.

In diesem Zusammenhang habe ich in letzter Zeit
einige Herausforderungen erlebt. Ich behaupte von
mir, dass ich ein Lobpreisleiter bin, und ich sage auch,
dass es im Lobpreis um weit mehr geht als nur um
Musik. Aber warum leite ich dann den Lobpreis nur
durch die Musik? Wenn es darum geht, die Gebrochenen in dieser Welt zu erreichen, stehe ich viel zu
oft am Ende der Schlange. Ich sehne mich danach,
jemand zu sein, der anderen mit seinem aktiven Gebet
ein Beispiel gibt, dem sie folgen können – nicht nur
mit meinen Lippen, sondern mit meinem ganzen
Leben. Gott hat eindeutig klargestellt, dass Lobpreis
und Gerechtigkeit untrennbar miteinander verbunden
sind.

Um es auf den Punkt zu bringen: Es gibt drei unge-
löste Spannungen im Herzen eines hungrigen Beters.
Erstens haben wir nur einen flüchtigen Blick auf die
Herrlichkeit Gottes erhaschen können – wenige kleine
Tropfen in dem Ozean seiner unglaublichen Schönheit.
Wir spüren in uns diesen beständigen Durst, mehr
von ihm in unserem Leben zu sehen. Zweitens leben

wir in dem Wissen, dass wir als Menschen eine zerbrochene Persönlichkeit haben – zum Teil sind wir geheilt, aber immer noch so empfindlich und zerbrechlich. Wir sind unfertige Beter, die sich nach Vollkommenheit sehnen. Schließlich leben wir als Fremde in einem fernen Land – mit einem schmerzhaften Bewusstsein für die Fehler der Welt, die uns umgibt, und für die vielen verlorenen Herzen, die Jesus noch nicht kennen. Wenn wir mit den Augen des Himmels auf die Erde blicken, dann verzehren sich unsere Herzen danach, Gottes Königreich voranzubringen.

Doch diese drei Spannungen machen uns nicht zu schlechteren Betern. Im Gegenteil, sie schärfen unsere Hingabe und stärken unseren Willen, im Glauben standhaft zu bleiben. Wir sehen nur bruchstückhaft, aber was wir sehen, ist genug, um uns Hoffnung und Zuversicht auf unserer Reise mitzugeben. Und wenn wir hier und heute Gott anbeten, dann schauen wir mit einem Auge auf den Horizont, in der Gewissheit, dass eines Tages alles Unvollkommene verschwinden wird und wir alles ganz erfassen werden, so wie seine Hand uns ganz umfassen wird. C. S. Lewis bringt es auf die folgende Formel: »Wenn ich in mir ein Verlangen finde, das nichts in dieser Welt befriedigen kann, dann ist die wahrscheinlichste Erklärung dafür, dass ich für eine andere Welt gemacht wurde.«[6]

Der unendliche Beter

»Einst werde ich ihn sehen in der Herrlichkeit.
Meinem König werde ich dienen bis in alle
Ewigkeit.«[1]

Hier und jetzt blicken wir noch nicht durch. Wie die »Gute Nachricht« übersetzt: »Wir sehen nur ein unklares Bild wie in einem trüben Spiegel« (1 Korinther 13,12). Aber eines Tages werden wir Gott von Angesicht zu Angesicht sehen.

Wir werden *vollkommen unverhüllte Beter* sein, die in Gänze das sehen, was wir jetzt nur bruchstückhaft erkennen. Wir werden *völlig unvergängliche Beter* sein, denn es wird nichts mehr geben, das das Feuer unserer Hingabe löschen könnte. Keine Tränen mehr, keine Sorgen mehr, kein Schmerz mehr. Wir werden *vollendet erniedrigte Beter* sein, die sich zweifellos den 24 Ältesten anschließen, wenn sie sich in den Königskammern niederwerfen. In diesen Tagen wird es eine

Freiheit in der Verehrung Gottes geben, wie sie die Welt noch nicht gesehen hat. Jegliche Ablenkung von unserem Lobpreis wird verschwunden sein. Keine Versuchung und keine Anfechtung mehr. Als *vollständig ungeteilte Beter* werden wir in der unmittelbaren Gegenwart Gottes stehen und er allein wird jedes Herz einnehmen.

Ich stolperte neulich über ein Gedicht von Charles Wesley, das wohl sein seltsamstes sein muss. Es ist ein Lied über den Tod. Die ersten beiden Zeilen schockierten mich etwas: »Oh, Tod, willkommene Erscheinung! Welcher Anblick sonst auf Erden ist so ersehnt?«

War er schließlich durchgedreht? So wild entschlossen, Tausende von Liedern zu schreiben, dass er allen möglichen Unsinn verarbeitete? Auf den ersten Blick las es sich mehr wie das Drehbuch eines Horrorfilms als ein Lied im Kirchengesangbuch. Aber gräbt man tiefer, stellt man schnell fest, dass er nicht so weitab vom Schuss war, wie man zunächst glaubt:

> *»Welch Segen unsern Bruder traf,*
> *Befreit ist er von aller Qual.*
> *Leicht und frei entschwebt die Seele,*
> *Frei von irdischer Mühsal.*
>
> *Das Böse hat die Macht verloren,*
> *So denk ich neidisch, über dich.*
> *Vom Sündenfleisch bist du befreit,*
> *Nicht Sünder mehr wie ich.«*

Als er vor dem toten Körper seines Freundes stand, sann Wesley über das Rennen nach, das dieser Mann gelaufen war, und über den Weg, der nun vor ihm lag. Er würde nie wieder sündigen, sich nie wieder sorgen, niemals mehr auf die Probe gestellt werden. Wesley freute sich für ihn – und war vielleicht sogar ein bisschen eifersüchtig.

Charles Wesley war nicht der Einzige, der so gedacht hat. In seinem Brief an die Philipper überlegt der Apostel Paulus, ob es für ihn besser wäre, zu »bleiben« oder zu »gehen«:

> »Ich weiß nicht, was ich wählen soll. Es zieht mich nach zwei Seiten: Ich möchte am liebsten dieses Leben hinter mir lassen und bei Christus sein; das wäre bei weitem das Beste. Aber es ist wichtiger, dass ich noch hier ausharre, weil ihr mich braucht« (Philipper 1,22–24).

Einen Vers zuvor hatte er erklärt: »Leben, das ist für mich Christus; darum ist Sterben für mich nur Gewinn« (Vers 21). Wir hören nur den Teil mit »Sterben ist Gewinn«, aber es ist wichtig, den Rest des Verses nicht auszulassen – dass nämlich, genau hier und jetzt, »Leben Christus ist«. Mit anderen Worten: Wir können schon auf dieser Erde mit Christus zusammen sein. Wir können ihn anbeten und ihn erfahren. Wir können in ihm bleiben und er wird in uns bleiben. Auf diese Weise verfallen wir nicht in Fluchtgedanken, besessen von der Vorstellung, dass der Himmel ein einziger großer Fluchtweg sei. Paulus weiß, dass Sterben Gewinn ist; es ist bei weitem besser, ganz einfach weil es bedeutet, näher an Christus zu sein. Aber dieses Leben ist nicht nur eine Art Kleideranprobe und auch keine verlorene Zeit. Wir können mit Jesus *zusammen*leben und *für ihn* leben. Wir können sein Königreich hier und jetzt voranbringen.

Wir täten gut daran, Paulus' Sichtweise des Lebens zu teilen. Wir sind Menschen, die wissen, wo ihr Weg hinführt. Wir befinden uns auf einer Reise mit einem atemberaubenden Ziel. Wir laufen ein Rennen und am Ende erwartet uns ein unglaublicher Preis. Das Erbe, das uns erwartet, wird unfassbar herrlich sein. Und obwohl wir bis dahin nicht den vollständigen Durchblick haben, dürfen wir nicht vergessen, dass wir zumindest teilweise auch jetzt schon etwas von seiner Schönheit erfahren haben. C. S. Lewis hilft, diesen Sachverhalt zu erklären:

>*»Zur Zeit stimmen wir natürlich noch unsere Instrumente. Wenn ein Orchester sich einstimmt, kann das alleine schon ganz nett klingen, aber nur für diejenigen, die wenigstens ein paar Takte von der folgenden Symphonie erahnen.«*[2]

Wir nehmen jetzt nur wahr, wie die Instrumente gestimmt werden; hören ein seltsames, formloses Tongewirr und doch übt es einen großen Einfluss auf uns aus, weil wir etwas von unserem Schicksal in der Ewigkeit darin hören. Wir hören das Echo der perfekt harmonischen Symphonie, an der wir eines Tages teilhaben werden. Aber bis dahin besitzt das Stimmen und Einspielen eine überraschende, eigene Schönheit.

Um dieses Buch abzuschließen, möchte ich zu Charles Wesley zurückkehren, einem Mann, der seit dem Tag, an dem er errettet wurde, sein Herz auf den Herrn eingestimmt hat und mehr als 50 Jahre damit verbrachte, über 6 500 Anbetungslieder zu schreiben. Im Alter von 81 Jahren, fiebrig und schwach auf seinem Totenbett, dichtete er einen letzten Hymnus. Er hatte nicht einmal mehr die Kraft zu schreiben, deshalb diktierte er diese sechs kurzen Zeilen seiner Frau:

> *»Alt bin ich geworden, schwach,*
> *Und wer kann schon mich Wurm erlösen?*
> *Jesus, meine einzge Hoffnung bist du,*
> *Stärke meinem schwachen Fleisch.*
> *Oh, könnt ich einen Blick erhaschen –*
> *Dein Lächeln brächte mir die Ewigkeit.«*

Hier spricht ein Mann, der sein Leben Jesus anvertraut hat. Dieses eine Gedicht zeigt deutlich, dass er eine tiefe Freundschaft mit Gott pflegte. Für Wesley war Leben Christus. Und doch, weil er wusste, wohin er gehen würde – oder besser, zu wem er gehen würde –, war Sterben ihm Gewinn. »Oh, könnt ich einen Blick erhaschen – dein Lächeln brächte mir die Ewigkeit« – dies sind die letzten Worte eines hungrigen Beters. Dies sind die ersten Worte eines unendlichen Beters.

Mit dem Ausblick auf die Ewigkeit mit Jesus sind wir alle unendliche Beter. Lasst uns durchhalten in dem Lauf, zu dem wir angetreten sind (Hebräer 12,1). Lassen wir alles hinter uns und schauen wir nur noch auf das, was vor uns liegt. Halten wir geradewegs auf das Ziel zu, um den Siegespreis zu gewinnen, zu dem Gott uns durch Jesus Christus berufen hat (Philipper 3,13–14).

Amen.

Anmerkungen

Das unvergängliche Gebet

1 Fanny Crosby, zitiert nach: S. Trevena Jackson: *This is my story, this is my song* (Emerald House, 1997).
2 Ebenda.
3 Eugene Peterson: *The Message of David* (Marshall Pickering, 1997).
4 Bernard W. Anderson: *Out of the Depths* (Westminster John Knox Press, 2000).
5 Ebenda.

Der unwürdige Beter

1 Richard J. Foster: *Spritual Classics* (Fount, 2000).
2 François Fenelon: *Talking with God* (Paraclete Press, 1997).

Der sich erniedrigende Beter

1 Oswald Chambers: »Mein Äußerstes für sein Höchstes« (Blaukreuz-Verlag, 2000).
2 William Barclay: *The Mind Of Jesus* (HarperCollins, 1976).
3 F. Pratt Green.

Der unberechenbare Beter

1 William Barclay: *The Mind of Jesus* (HarperCollins, 1976).
2 Gary A. Furr/Milburn Price: *The Dialogue of Worship* (Smyth and Helwys Publishing, 1998).
3 Gene Edwards: *The Divine Romance* (Tyndale, 1993).
4 Cardinal Suenens, zitiert nach: David Watson: *Discipleship* (Hodder, 1983).
5 C. S. Lewis: *Prayers: Letters to Malcolm* (Fount, 1997).
6 Oswald Chambers: »Mein Äußerstes für sein Höchstes« (Blaukreuz-Verlag, 2000).

Der unverhüllte Beter

1 William Barclay: *The Revelation of John* (Saint Andrew's Press, 1998).

2 Anthony Bloom: *Beginning to Pray* (Paulist Press, 1982).
3 William Barclay: *New Testament Words* (John Knox Press, 1999).

Der unbeirrbare Beter

1 Weitere Berichte bei W. J. Limmer Sheppard: *Great Hymns and Their Stories* (Religious Tract Society).
2 Dietrich Bonhoeffer: *The Cost Of Discipleship* (Touchstone Books, 1995; dt.: »Nachfolge«).
3 Dietrich Bonhoeffer: *The Narrow Path* (Darton, Longman & Todd; dt.: »Widerstand und Ergebung«).
4 Beth Nimmo/Darrell Scott: *Rachel's Tears* (Word, 2000).
5 Smith Wigglesworth: *The Anointing of the Spirit* (Vine Books).
6 William Barclay: *The Mind of Jesus* (HarperCollins).

Der ungeteilte Beter

1 William Barclay: *The Mind of Jesus* (HarperCollins, 1976).
2 Ebenda.
3 Richard Foster: *Celebration of Discipline* (Hodder, 1999).
4 Matt Redman: »The Heart of Worship« (Kingsway's

Thankyou Music; deutscher Text: Werner Finis c/o
ARPA-Schule für Musik und Anbetung, Altensteig):

»When the music fades,
All is stripped away,
And I simply come;
Longing just to bring something that's of worth
That will bless Your heart.

I'll bring You more than a song,
For a song in itself
Is not what You have required.
You search much deeper within
Through the way things appear;
You're looking into my heart.

I'm coming back to the heart of worship,
And it's all about You,
All about You, Jesus.
I'm sorry, Lord, for the thing I've made it,
When it's all about You,
All about You, Jesus.«

Der hungrige Beter

[1]   Matt Redman: »Intimacy« (Kingsway's Thankyou
       Music; deutscher Text: Arne Kopfermann, Projek-
       tion J Musikverlag, Asslar):

»Lord, since the day I saw You first,
My soul was satisfied;
And yet, because I see in part,
I'm searching, more to find.«

2   Eugene Peterson: *A Long Obedience in the Same Direction* (IVP, 2000).
3   Matt Redman: »The Father's Song« (Kingsway's Thankyou Music; deutscher Text: Detlef Eigenbrodt, © Hänssler Verlag, Holzgerlingen):

»I have heard so many songs,
Listened to a thousand tongues,
But there is one, that sounds above them all.
The Father's song, the Father's love,
You sung it over me
And for eternity it's written on my heart, written
On my heart.
Heaven's perfect melody,
The Creator's symphony,
You are singing over me the Father's song.
Heaven's perfect mystery,
The King of love has sent for me,
And now You're singing over me the Father's song.«

4   Jürgen Moltmann: »Theologie der Hoffnung« (Kaiser Taschenbücher, 2001).
5   Ich bin an dieser Stelle Bischof Graham Cray zu

Dank verpflichtet für alles, was er mich gelehrt hat.

6   C. S. Lewis: *The Weight of Glory and Other Addresses* (Prentice Hall, 1980).

Der unendliche Beter

1   Melody Green, »There is a Redeemer« (© 1984 Ears to Hear Music/Birdwing Music/BMG Songs Inc./EMI Christian Music Publishing adm. By Copycare, PO Box 77, Hailsham BN27 3EF; deutscher Text: Dr. Hartmut Sünderwald, Universal Songs, Holland):

»When I stand in glory
I will see His face,
And there I'll serve my King forever
In that holy place.«

2   C. S. Lewis: *Reflections on the Psalms* (Fount, 1998).

3   Charles Wesley, zitiert nach W. J. Limmer Sheppard: *Great Hymns and Their Stories* (Religious Tract Society).

»Gnade und unvergängliches Leben sei mit allen,
die Jesus Christus, unseren Herrn, lieben!«

(Epheser 6,24)

Anbetung in
Theorie und Praxis

Was kann ich persönlich dazu bei-
tragen, dass mein Hauskreis, die
Bibelstunde, der Jugendabend oder
die Gottesdienste zu einem Ort
werden, an dem Gott in großer
Freiheit und Selbstverständlichkeit
angebetet wird?
Dieses Buch gibt neben theolo-
gischen Grundlagen vor allem
fundierte und detaillierte Tipps
für die praktische Umsetzung in
der Gemeinde.

Arne Kopfermann
**Das Geheimnis von Lobpreis
und Anbetung**
Pb., 240 Seiten
Bestell-Nr. 657 336

Das Erfolgsalbum
von Matt Redman

Sein unverwechselbarer Sound und die leidenschaftlichen Texte sind die Markenzeichen dieses Albums von Matt Redman. Hitverdächtige Songs und eine Liste an Mitwirkenden, die sich wirklich hören lassen kann, u. a. »Sonicflood«, die sowohl als Band als auch im Gesang mitgewirkt haben.

Einige Songs: Take the world but give me Jesus; You led me to the Cross; King of this Heart; O Sacred King

Matt Redmann
The Father's Song
CD 946 159